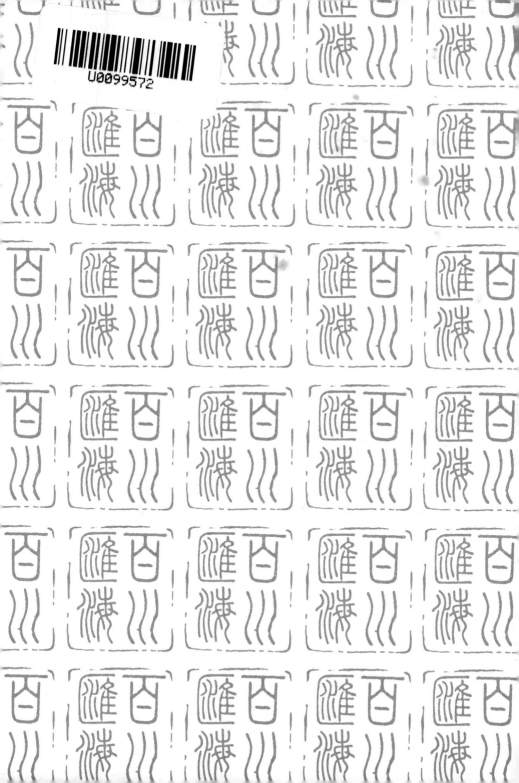

國立中央圖書館出版品預行編目資料

爲造勢圖強呼號／陶百川著.--初版.
--臺北市：三民，民81
面；　公分.--(陶百川全集;8)
ISBN 957-14-1886-2（精裝）

1.中國-政治與政府-論文,講詞等

573.07　　　81001632

為造勢圖強呼號

著　者　陶百川
發行人　劉振强
出版者　三民書局股份有限公司
印刷所　三民書局股份有限公司
地址／臺北市重慶南路一段六十一號
郵撥／〇〇〇九九九八－五號
初　版　中華民國八十一年四月
編　號　S 57070
行政院新聞局登記證局版臺業字第〇二〇〇號

ISBN 957-14-1886-2（精裝）

陶百川全集(八)

爲造勢圖強呼號

三民書局印行

本書編讀指引

這個「呼號」特輯十四册，包含五個主題：第一個是現代國家的立國之道——自由、民主和法治。這三者形成連環，環環相扣，缺一不可。這是說，自由是民主的和法治的自由；民主是自由的和法治的民主；而法治是自由的和民主的法治。因爲如果沒有民主，而處在專制獨裁之下，自由當然不能想像，如果沒有法治將也將如羅蘭夫人所嘆：天下許多罪惡將假自由之名而行。民主而沒有自由或法治，也會像自由之徒託空言。至於法治而無自由或民主，則是暴政或惡法，縱或有利於統治，但必不利於人民。

第二個主題是人權，包含人權保護和洗寃白謗兩部分。本集著者陶先生擔任多年監察委員，而且痌瘝在抱，長時間爲人民打抱不平，所以本書內容很充實。

第三個主題是改革開放，共有三書，於改革開放外，也論到造勢圖強和溝通安和。

第四個主題是政風社風，包含公義私德，端正政風，整肅官箴以及遏止圖利。

第五個主題是國家統一，首先是呼號兩岸共存，進一步規劃三聯統一。本集著者年來擔任國家統一委員會委員，用力很勤，所以在這兩書外還著有《臺灣經驗統一大道》可供參閱。

自序

本書本來是想稱爲《政治爝火光》，與我的其他兩書：《政治安全瓣》和《政治緊箍咒》，合稱爲「政治三喻」。（我尚有三書：《臺灣要更好》，《臺灣怎樣能更好》和《臺灣還能更好麼》合稱爲「臺灣三好」）。後來看了蔣總統經國先生七月十五日在中央常會關於「創造」有利形勢以應付「橫逆」的提示，我乃把本書改稱爲《爲造勢圖強呼號》。

其實「政治爝火光」，不失爲一個好名詞。因爲依照莊子引用唐堯的話：「日月出矣，而爝火不息，其於光也，不亦難乎！」現在「日月出矣」，我的這些小火，何能與日月爭光！何必還勉爲其難！

但是我同時認爲「泰山不讓土壤，故能成其高」（文字可能記錯，但意思便是如此），而天下興亡，匹夫有責，補缺拾遺，或能有益於高明。何況以國家之大，問題之大，日月的光輝有時有地不能照到或照亮，則爝火不可說毫無用處。

雖然如此，以本書的內容爲標準，《爲造勢圖強呼號》的書名，較爲深切著明，較能引人入勝，所以毅然改名。我尚想編著另一本論集，所以保留《政治爝火光》作爲它的書名，以兩全其美。

提到「逆境」，此時此地，也許有點忌諱，我們不是正在慶祝中華民國建國七十週年麼！這是人情之常，而且中華民國締造維艱，而意義重大，我也在歡欣鼓舞。

可是「獨孤臣孽子，其操心也危，其慮患也深」。所以我不禁喜極生憂，而思有以啓聖興邦。蔣總統的提示，我想也是出於這樣的心境和基於這樣的動機。

就以中華民國而論，它生下來就是命途多舛。先是　國父孫中山先生做了臨時大總統，正可大展鴻圖，出民水火，但在位僅三個月，爲求和平統一，不得不讓位給袁世凱。自此以後，南北對峙，紛亂不已，最後幸有國民革命軍的北伐和統一。可是日本的侵略野心，不容我國安定強盛而多方破壞，北伐時就製造濟南慘案，後來陸續發動九一八、一二八和八一三等事變。我國對日八年血戰最後雖告勝利，但已民窮財盡，中共乃乘機盜取勝利成果，政府祇好撤來臺灣。我們在臺已達三十三年，中有三十年過着安定寬裕的生活，爲民國以來所僅有，但我們將來能否繼續「走上安定建設繁榮與進步的大道」，「來應付未來的橫逆與衝擊」，作爲孤孽，我們不能無慮。所以現在就須思患預防，殫精竭慮，以創造有利的形勢。

本書的編著就是本着這個動機，內容包含下列這些問題和綱領：

一、議會政治是民主關鍵，不容導誤或受打擊，怎樣求其健全發展？

二、政黨政治是國家長治久安的基礎，能在兩年內實現麼？

三、選舉要選賢與能，講信修睦，而現去理想尙遠，怎樣補偏救弊？
四、政府在非常時期的有些措施要防不走正道而誤上旁門左道。試舉數例以自儆。
五、統一中國，任重道遠，談何容易，試求它的原則和模式。
六、苦撐待變，造勢復國，最先和最後都得靠精神動員，應以何事爲重！

就上面這些問題，我都提出了一些對策，有的尙可稱爲「新意」，阮大仁兄說是能「開風氣」，但我不信它們眞能創造有利的形勢，以突破逆境。我切望邦人君子加以批評和研究，庶幾拋磚引玉而集腋成裘。面臨橫逆，我們必須創意造勢，把它突破，以免他日噬臍莫及。

有如過去的那些論集，本書所收印的，多半已經在報刊登過，我應對它們表示感謝。但與從前稍有不同，這次我加入了若干未經公開發表的稿件，有的採自日記，有的是寫給當局的建議書或備忘錄。可是，再引帝堯的譬喻，這些都是爝火光而已。

七十年八月三十一日

為造勢圖強呼號 目錄

政黨政治是國家長治久安的基礎，能在兩年內實現麼？

選舉要選賢與能，講信修睦，而現去理想尚遠，怎樣補偏救弊？

政府在非常時期的有些措施要防不走正道而誤上旁門左道。試舉數例以自儆。

統一中國，任重道遠，談何容易，試求它的原則和模式。

議會政治是民主關鍵，不容導誤

或受打擊，怎樣求其健全發展？

議會政治與「林洋港模式」

——黨和政府怎樣辦好議會政治？

一

我是醉心而且更熱心於議會政治的很多有心人之一。遠在民國五十六年我就在監察院提案，應請行政院通知臺灣省議會選舉一位監察委員，以補丘念台委員的遺缺。同時我更聯想到臺灣省的其他中央民意代表也應增選。

五十八年政府辦了一次增補選，但名額僅有二十多人。我隨卽呼籲再辦一次，並將名額擴充爲立委一百五十人和監委三十人。本次增選結果，監委已增至三十二人，立委九十七人。如照蔣總統的原意，立委增額尚可加多。

在民主法治的大道上，這顯然是一大進步。但我仍不免提心吊膽，旣怕鐵不成鋼，又怕鋼片過薄而易折，或因過分銳利而多所殺傷。凡此三者，有一於此，便不合民主法治的正道，也不是國家人民的幸福。

可喜執政黨負責黨政關係和政策協調的趙自齊秘書長最近指出，由於增額中央民意代表積極進取活躍奮發的言行表現，已將三個中央民意機構帶入了新境界；他們的表現也塑造了「促進革新」、「力求表現」、「熱忱負責」和「團結和諧」的新形象。

二

但是池塘不比茶杯，當然會有風波。本月十四日立法院三十二位委員的集體離席，杯葛表決，尤其因爲其中二十二人是執政黨的黨員，對議會政治發生前所未有的衝擊。

當晚《聯合報》記者問我的意見。我認爲：

一、這事不足驚異，也無可厚非。因爲在一般議會政治的常軌中，議員爲求自己意見的勝利，阻止對方意見的通過，而缺席，而投票反對，而棄權，而甚至退出會場，都在人情之中，也不違背政治道德。

二、但是執政黨的黨籍議員似乎不應任意獨行其是，而應順從黨的決定。可是這也並非沒有例外。我認爲，一個黨籍議員，在決定議案時，應該參考民意，訴諸良知，以及衡量國家整體的利益。如果經過這樣的自省，而仍無愧我心，他也不是沒有自由行動的權利。這是所謂道德的自由。

三、試想，一個多數派所支持的議案而竟受制於少數派，可知問題的嚴重性不在少數派的杯葛，而在多數派的運作。

那晚我對《聯合報》記者本來也提出了黨部領導黨籍議員和政府做好議會政治的一些原則和技巧，但一時不能暢所欲言。我承允再加研究並寫一文送該報採用。現在我提出八項：

三

一、言論放任，二、表決統制：

議會政治的關鍵是表決，所以對表決不可放鬆。執政黨必須領導黨員出席會議和參加表決，並以此兩者作為考核黨員的標準。

但同時應讓黨籍議員和少數派議員暢所欲言。現在「一黨獨大」，表決又必須統制，如果再不准他們盡量發言，將使他們和一般人民認為黨和政府控制過甚，發生反感。而且黨和政府所需要的乃是表決結果。至於討論過程中的一些嚕囌，何必過分計較而示人以不廣！

三、小事不問，四、大事堅持：

大事必須堅持，但小事應該放任。如果黨和政府對黨員要求過多或過分，則黨員必將不勝其煩而難於服從。例如為了安全帽這個小問題鬧了三年，而且鬧到中央常會，實在有欠高明，大可不必。而作為這次杯葛導火線的糖稅已從百分之三十減為百分之十五，自應堅持下去。

五、黨外溝通，六、黨內民主：

黨外人士已經形成一股力量，不容無視或忽視。而且祇要他們服從法律，尊重政府，黨和政府何可、何必又何能阻止他們揚眉吐氣呢！因此必須與他們商談溝通，以減少阻力，厚植民力，共赴國難。

同時，黨對黨籍議員在黨內必須講求民主，而更應充分商談和溝通。他們手握制衡大權，背有選民壓力，黨在頒發指示要求遵行前必須先徵求他們的意見，他們方能樂於服從。命令主義可行之於一般社會，而不易拘束議會幹部。

四

七、互相制衡，八、不傲不懼：

議會對行政部門有制衡權，因此有些官員很怕議員，在被質詢時甚至不敢說理，以致議員格外意氣飛揚。其實制衡不是單向道，行政部門對議會也有制衡之權，而官員和議員的地位和人格更是絕對平等的。所以官員對議員固然不必也不可高傲，但也不必過分謙卑，更不可無端畏懼。

但是鑒於現在政風不良、民氣不振，國家急需勇於建言和批評的議員，以期有助於整頓政風，發揚民氣，則議員發言縱有一些差錯，黨和政府仍當加以寬容和諒解，切忌予以嚇阻。而且看得透徹一點，現在強者大者仍是官權，而非民權，仍是政府及其官員，而非議會及其議員；前者何必過分緊張呢！

所以持平之論：官員和議員都應互相制衡，都應不傲不懼，使議會政治做得恰到好處。

以上所陳，眞是所謂「卑之無甚高論」，而且執政黨和政府大體上多能做到。但我最欣賞臺灣省政府林洋港主席在這方面的態度和作風，我名之爲「林洋港模式」。

五

事緣昨日我參加總統府國父紀念月會，聆聽林洋港先生的「臺灣省政當前重要措施」報告，它的第一節，乃是「注意政治團結，促進地方建設」。

他指出：「臺灣省議會本屆議員就職後，初期若干言論表現頗不尋常。」但他的處理方法，不是反脣相譏，不是以怨報怨，而是：

——「以理性和眞誠縮短了距離」；

——「以實際績效爭取其合作支持」；

——「並且以國家的堅定立場應付一些不和諧的心態，化少數的戾氣爲祥和」；

——「同時以敏銳的反應和果斷快速的行動，提高行政效率；凡有民意機構或社會輿論界所建議的意見，立即負責處理解決。」

臺灣省政府這樣應付和處理的結果，林先生報告說：「經過不斷努力，鍥而不捨，使得省政府與省議會間的運作關係日趨和諧正常，省政府與社會大衆間的管道也更暢順地溝通交流，均能實事求是，平安相處，省府施政也在這一寬廣平穩的軌道上，向着新的階段性目標推動發展。」

林先生回憶說：「總統於洋港到任之初蒞臨省政府巡視，即曾諄諄以『發揮和衷共濟風雨同舟精神』相勗勉，洋港深體斯旨，在省政推動上，首先以促進和諧穩定，加強政治團結爲要務，擴大民衆的向心力，以爲推動省政建設的起點。」

林洋港先生這些經驗之談，與我上文的建議沒有甚麼大出入，我很欣慰。但是議會政治乃是一種極複雜的有機體，成敗並非完全取決於黨和政府，而尚須看議會和議員的素質和做法，容當另加論列。

七十年七月二十六日

黨員與黨的第四種關係及其要求

最近第十二次全國代表大會昭示同志，要就三種關係來增進本黨與黨員的紐帶，而加強其團結。這三種關係是黨紀的關係，道義的關係，感情的關係。凡此都很重要，缺一不可。

這個原則，似乎特別適用於黨的幹部。對於一般黨員，我以為尚需加上第四種關係——政治的關係。

這所謂政治的關係，就是政治的領導，包括三個層次：第一是政治思想，第二是政治做法，第三是政治成績。黨員對黨是否信仰和服從，紀律等三種關係固然很重要，但其關鍵則在政治。因為黨員所以入黨，無非是信仰主義，無非希望以一己之力貢獻於黨，以實現主義，救國救民。如果他發現政治不良，人謀不臧，主義不行，換句話說，政府所表現的政治思想，政治做法和政治成績，與他的希望相差太遠甚或背道而馳，同時他又發現他在黨內，人微言輕，無能為力，那麼他就不能維持當初對黨的一片熱忱和興趣。那時感情不足以維繫，黨紀不足以約束，而道義在他想來卻正應該特立獨行，而不應同流合汚。

吾黨今日堅持三民主義，而力行，而成績斐然，所以能有萬千黨員對它效忠。但是政治方面，顯然還有缺點，不能符合廣大黨員羣衆的願望，所以他們不能發揮他們的光和熱而爲黨出力。這是我們領導階層所應了解和檢討的。

以上是以這第四種關係（政治）來論黨員的素質問題，現在還想以它來論黨員的數量。以質和量來說，大家都認爲應該質重於量。但我以爲在民主時代來辦民主政黨，黨員的數量也很重要。因爲在民主時代，黨員的主要作用乃是投票——自己投票並爭取他人投票共同支持黨的候選人。於是黨員人數就愈多愈好。我以爲對黨的幹部，黨應有很大的要求，但對黨員羣衆的要求則不能過奢。如果本黨的小組長以上的幹部約六、七萬人都是忠實有爲的積極分子，能夠領導黨員羣衆一致擁護本黨（支持本黨候選人），他們（一般黨員）的素質卽使稍差一點，也能發揮很大的力量。

初步結論：如果質與量不能同時兼而有之，則對幹部要重質而對黨員要重量。但對他們都須善用政治的關係來加以團結和鼓舞。

七十年四月十日

人民代表與其政黨應如何相處？

一

政黨在民主國家國會都有法定的或正式的地位和職權。這是因爲沒有政黨，國會便會陷於一片混亂，甚至或爲獨裁勢力所壟斷，於是民主政治便沒有實施的可能。

美國的民主黨和共和黨，在國會都設有黨團（Caucus）和政策委員會，並置有國會領袖和國會指揮（whip）。就國會的有關問題，本黨員經常舉行黨團會議，例如決定委員會的人選和對各項重大問題的政策。就兩黨共同問題，兩黨的領袖或有關委員會也經常協商，以求協調。

英國政黨在國會發揮更大的作用，也有更嚴密的組織。以工黨爲例，它在下院設有「國會委員會」（Parliamentary Committee），構成分子是一、「國會黨部」（Parliamentary party，類似美國的 caucus）的書記，二、領袖（leader）、副領袖和總指揮，三、上院的領袖和指揮長，四、下院代表十二人。領袖、副領袖和總指揮，都由下院議員選舉產生。每屆（五年）選舉一次。十二名代表，每年改選一次，得票較多者當選。總指揮之下置有副總指揮十人，都由總指揮選任。

保守黨的領袖在野時，有權選他的「影子內閣」(shadow cabinet)和總指揮，由後者選任副總指揮十人。該黨也設有國會黨部和委員會，後者置主席一人、副主席二人、會計一人、書記二人和委員十二人，每年改選一次。

日本衆議院置有議長和副議長，參議院置有院長和副院長，兩院都設有院務機構，衆議院的院務委員會 (Giun)，權力很大。舉凡會議日程的制訂，和委員會人選的提名，都由該委員會作初步決定，呈由議長批准施行。可是議長和該委員會，都得聽命於黨部——黨魁和秘書長。後者透過黨的國會戰略委員會 (Kokkai Taissakai Iinkai)，以控制議長和院務委員會。

日本政黨較多，鬥爭激烈，所以政黨對它的國會議員的控制也不得不較強。然因黨內有派，執政黨的領袖 (首相) 不能專斷獨行，而必須通過折衷和協調的程序，方能拘束黨員。

中國國民黨也在監察院設有特別黨部，叫做監察委員黨部，置委員七人，負責協調院務。由監察院供給辦公室和職員二人。經費由黨員月費 (每人十五元) 移充，不足則由中央黨部補助。

就現在第一屆委員說，國民黨籍監察委員人數最多，約佔百分之七十九點七四。青年黨佔百分之八點八七，民社黨佔百分之五點零六，不屬於任何政黨者佔百分之六點三三。

二

英國實施內閣制，政府無異是多數黨的一個行政委員會，所以政府必須保持下院的多數，並須在重大議案的表決時獲得多數票，方能繼續在位。而在野黨如能在重要議案表決時獲得多數，就可推倒政府，舉行新選舉。所以各黨必須竭力掌握黨員，以保持或獲得多數。方法之一，是執行紀律。而黨部或黨員應該怎樣處理紀律問題，久已成爲一種困惑和痲煩。

工黨的紀律比較森嚴。它的規章中包括下列三項：

「一、工黨國會黨黨員的權利涉及接受黨員大會的議決案的時候，黨承認黨員有權在認爲嚴重違背個人良心的表決時可以棄權。

「二、國會黨部有責任將涉及嚴重而屢次違背黨紀的案件報告黨員大會，必要時並請黨員大會轉報中央執行委員會。有關黨員有權在黨部和黨員大會提出申辯。

「三、爲求黨在下院步調的一致，黨員在提出涉及黨的政策或議決案的動議、修正、申訴或其他提案前，應先就商於黨的幹部。」

一九五二年，工黨指揮貝凡糾合議員五十七人，開始與黨的領袖艾德禮立異。一九五五年，工黨影子內閣免除貝凡的指揮職務，作爲警告。貝凡不服，經工黨國會黨員大會，以一百四十一票對一百二十票，停止貝凡黨權並報告工黨中央委員會，請予開除。但中央以十四票對十三票予以否決。同年五月，貝凡投票支持艾德禮爲工黨領袖，工黨乃重選貝凡參加國會委員會。其他在投票時違背黨紀的事件也常有所聞。

一九五九年，工黨國會黨員大會以三對一的多數議決廢除上引三項紀律規定，但共同接受領袖發佈的一個宣言，它的第五項指出：「作爲工黨國會黨的一分子，乃是一種利益，負有責任和義務，也有應享的權利和機會。我們現在不再依仗紀律的條文，而依仗友好、合作和同志愛的精神去接受這些責任和義務。」

三

英國保守黨也有類似的紀律，但也有違背黨紀的事件，結果也都妥協了事。一九五七年的「蘇彝士集團」反黨事件，就是一例。

英國工黨最近一次「黨潮」發生在一九七六年三月十日。那天工黨政府所提出的削減六十億美元公共開支的議案，以二十八票之差被下議院否決，而三十七個工黨議員拒絕投票。他們照理應受黨紀制裁，但因工黨在下議院祇有三票多數，黨魁（首相）威爾森不敢執行黨紀。六天後他乃宣佈自動引退，工黨隨即另選外相賈勒漢繼任黨魁。

德國各黨的黨章，大體上都給國會黨員以較大的自由。基督教民主聯盟根本否定黨對本黨議員的強制命令，而祇要求他們如不接受黨的決策時應該事前通知國會黨團。社會民主黨則要求黨員與黨採取一致行動，但不採取嚴密的制裁。中央黨部以支持下屆選舉爲手段，取得黨員的自願服從。

美國國會議員也有黨員大會，也有共同決議，但民主、共和兩黨都不能拘束黨員服從黨的紀律。因此黨員與黨立異的情形，毫不足怪。很多年擔任參議院民主黨領袖的詹森總統也不諱言，曾說：「我是一個自由人，一個美國公民，一個參議員，一個民主黨黨員。我照着這個順序的先後來考慮問題。」這是說，凡是在參議員立場不許做的事情，雖然他的黨要他做，他也祇有敬謝不敏。

依本書著者的了解，美國國會兩黨的黨員常與本黨採取不同的步調，而為民主國家所獨有的現象。照一位參議員辦公室供給本書著者的資料，以一九七四年為例，民主黨議員照該黨決定投票的，佔百分之六十三，共和黨佔百分之六十二，一九七五年比數較高，民主黨佔百分之六十九，共和黨佔百分之七十。

中國國民黨迄今有時尚自稱是革命的民主政黨，它的黨章規定：「本黨組織原則為民主集權制。……在決議前得自由討論，經決議，須一致服從。」這項規定本很合理。但如果祇顧集中，不顧民主，甚或在決議前不經自由討論，而就用黨部命令強制執行，那就要發生糾紛了。

現代民主國家的經驗，可供參考，包含下列幾項：

一、英國制度：黨由本黨的國會領袖和幹部領導，國會領袖就是黨的領袖。整個黨的代表大會雖是國會黨的上級組織，但前者祇在集會時決定黨的路線或黨綱，至於以後如何實施，決定之權不在中央黨部，而在國會黨的黨員大會及其領袖。

美國制度，在朝黨有兩個領袖，一是總統，一是國會黨部。他們雖經常協商，但地位完全平等。國會的議決案應該如何決定，法律應該如何釐訂，最後都取決於國會黨部。總統祇能通過政府權力的程序，要求覆議，但不能用中央黨部的名義在事前或事後對國會黨部或黨員下達政策性的命令，飭其遵行。中央黨部祇管黨的事務，最重要的是發展組織和籌募經費以及部署下次的選舉，它不管政策。

二、英國的國會黨部或美國的國會黨部都有領袖，但他們不能專斷獨行。英國保守黨的領袖，在朝時不出席國會黨部的會議，而由總指揮從事聯絡，但在野時則須出席會議。工黨比較民主化，它的領袖經常出席會議。美國黨部的領袖，更與其他黨員一律平等。

黨對國會的決議和行動，一律通過和取決於國會黨內的討論和表決，而不是領袖，也不是中央黨部所能強加於他們。因此，黨的決策既爲黨員自己經過討論所決定，自然比較易爲他們所悅服和執行。

四

一個政黨內部的多數決定或上級命令，自應爲黨員所服從，然難免仍有不同的反應和紛歧的行動。這或許由於該項決定或命令本身實在不無問題，而爲有些黨員所不服或不安（personal conscientions conviction)。於是他得在命令或良心之間作一痛苦的選擇。

違背良心而接受命令，他會「內疚神明，外慚清議。」順從良心而違背命令，他會遭同志的非議和紀律的制裁。魚與熊掌不可得兼，然則應當何所取捨？美國故總統甘迺廸的《當仁不讓》，就是有感於此而寫的。他的答案乃是這樣：「本書不擬指陳：唯黨是從以及對於黨的責任是無可避免的災禍，因此我們絕對不能讓黨來影響我們的決定。本書更不主張自己的州或地區的地方利益在任何時候都不該予以考慮。相反地，每一個參議員的忠於他的黨，他的本州和地域以及他的國家與自己的良心，都要統籌兼顧。在黨內問題上，他對黨的忠誠一般居於主導地位，在地區之間的爭執上，他的地域責任感，可能會決定他的方向。祇有在全國性的問題上，在與地區、政黨利益適相逕庭的良心問題上，他的勇氣就要受到考驗了。」

甘迺廸的意思，是說在全國性的問題上，在良心問題上，參議員應有勇氣放棄他對地區或黨的忠誠，而以國事爲重，以求心之所安。

政黨政治是近代的產物，一位近代政治學者，寫現代民主政治名著的蒲雷士爵士（Lord Bryce），在他另一名著《公民精神的障礙》中提出一個折中的答案，他主張以國家利益爲標準，而以本人的良心判斷爲依歸。他說：「所謂政黨的精神，要看個別特殊問題的重大與否來決定它適用的程度。如果它是一個嚴重影響國家利益的問題，政治家應該不顧一切以行其心之所安。但是那個問題如果是次要而沒有深遠影響的，他在責任上應該爲黨而放棄他自己的意見。」

因此，他主張：「在小的問題上，不致影響行政部門的命運的，黨員有隨時反對它的自由。他應該把民間各式各樣的意見反映於行政部門，他應該警告它不得藉口黨誼黨德來嚇阻言路，而行政部門因此可以受益。……臨到重大的事情，牽涉到國家利益的，他應該把國家利益置於黨誼黨德和黨紀之上，而設法推翻那個行政部門，不應讓它錯下去。」

五

孔子認爲對這二者之中的選擇應該不很困難。他指出應該以「義」作爲判斷的標準；如果涉及不義，則對君父的命令，也沒有服從的義務。他說：「昔者天子有爭臣七人，雖無道，不失其天下。諸侯有爭臣五人，雖無道，不失其國。大夫有爭臣三人，雖無道，不失其家。士有爭友，則身不離於令名。父有爭子，則身不陷於不義。故當不義，則子不可不爭於父，臣不可不爭於君。」

中國監察院在四十六年十二月二十三日發生了一件大事，十一位監察委員經院會推舉組成的一個委員會，提案彈劾行政院俞鴻鈞院長，當經依法審查通過，送請司法院予以懲戒。十一人中有十人是中國國民黨黨員，國民黨中央黨部於是考慮如何予以紀律處分。三年半以後乃決定舉辦中央從政黨員總登記。用意是在約束從政黨員以後務須服從黨的總裁和中央黨部。

本書著者也是俞案的提案委員之一，鑒於黨部的容忍態度，準備登記，以繼續保持二十二歲就已入黨的歷史。但恐登記辦法過分妨礙監察工作，所以不無躊躇。於是函請中央黨部予以澄清。下文是那時寫給中央黨部秘書長的函稿：

此次黨員總登記辦法中若干規定，因字義籠統，目前已多疑慮，將來必有爭議。本黨先哲有名言曰：「共信不立，互信不生；互信不生，團結不固。」故為辦好總登記，以加強團結，必須袪除一切疑慮，以期建立共信，產生互信，庶幾團結可臻鞏固。敬本此旨，提出下列問題，擬請中央迅賜核示。

一、關於黨員總登記之程序，初聞中央對登記申請須加審查，俾便有所淘汰。旋聞總裁不以為然，故登記後，據謂不再審查。但查中央從政幹部組織辦法第二十條有「核准登記」字樣，是登記後尚待核准，方生效力。依此推論，則中央仍保有不核准之權。此與總裁指示是否逕庭？應請明示。

二、中央從政幹部規約第三條所稱，必須透過組織，方可提出之「重要提案」，是否僅指中央從政幹部組織辦法第三十一條之重要糾彈案？監察院尚有若干屬於院務處理方面之提案，似不應在該條限制之列。

三、前條所謂「重要糾彈案」，於糾舉案及彈劾案外是否尚包括糾正案而言？但糾正案之對象，為對行政措施之注意改善，乃係建議性質，旨在納行政措施於政策或法制之軌道內，而求其更善，並無追究行政責任之意。且採納與否，權在行政機關，並無強制作用。本黨一向鼓勵同志及國民對國事自由提供意見，報章評論，處士橫議，新聞紀事，政府久已摒棄事前檢查，自不致獨對監委同志之糾正提案，橫加事前限制。故糾正案之提出，應認爲不在該條所謂「重要糾彈案」之列。

糾舉案係送請上級行政機關處理，且多係小案，自無予以限制之必要。

彈劾案亦僅具檢舉作用，將來懲戒與否，被彈劾人如爲文官，權在公務員懲戒委員會，如爲軍人，權在國防部，如爲總統、副總統，權在國民大會。被彈劾人如尚觸犯刑法，並應移送法院偵辦。但遍閱此次總登記辦法，對懲戒機關或司法機關之懲戒或不懲戒，起訴或不起訴，科刑或宣告無罪，皆不加以限制，任其自由裁量，此自爲正當辦法。是則對於同具司法性質之彈劾案，而其效果且遠不及懲戒、起訴或科刑之嚴重，自亦不應有所限制。

但總統、副總統爲國家元首或副元首，地位重要，關係重大，故憲法規定，必須有全體監委四分之一以上之提議及全體監委過半數之可決，方得提出彈劾案。此卽所謂重要之彈劾案。其餘彈劾案，因僅需監委一人之提議，經監委九人之審查通過，卽可成立，故應認爲俱屬次要。第三十一條既規定以重要糾彈案爲限，對於次要之彈劾案，自不在適用之列。

究竟所謂「重要糾彈案」，可否以關於總統、副總統者爲限？如不以此爲限，則請將不許自由糾彈者之官銜，一一列舉。此項官銜，應不甚多，爲杜爭議，務請明列。

以上所陳，事關黨員對黨負責之範圍以及監委依法盡忠職務之程度，過寬過嚴，皆非所宜。監委同志，俱深關切。如蒙採納上述見解，則請迅賜核示，對總登記之順利完成，必有裨益。而監委同志，在做一好黨員之要求下，尚可勉強做一好監委，則國家、本黨及監委同志可望共受其利。讀陸放翁詩：「人才衰靡方當慮，士氣崢嶸未可非。萬事不如公論久，諸賢莫與衆心違！」深信中央必能善圖之也。

後來中央黨部秘書長約集黨員監委當衆宣佈：重要彈劾應包括對行政、司法和考試三院院長的彈劾案。對其餘各項則無異議。於是黨員監委乃都去登記。

爲司法院新解釋欣慰憂懼和呼籲

一

夏威夷時間八月十二日凌晨二點十分，我在酣睡中被《聯合報》記者叫起來答覆他有關地方議員言論免責新解釋的問題。那時我頭腦迷糊，反應遲鈍，而且手頭又沒有資料，雖然勉強說了一些，可是總覺辭不達意，意有未盡，所以常想加以補充。

而且鑒於聲請司法院作解釋的監察院，最近還在繼續研討這個問題，學者專家的意見也尚未一致，作爲原始提案人和監察院五人小組的一員，我有責任貢其所見。

尤其昨天看到大法官會議關於警察官署無權拘留違警人民的釋字第一六六號解釋，我覺得一個大是大非的問題，拖了十九年，終於有了一個尊重憲法和有利人權的了斷，殊堪欣慰。但因它又授意警察官署可以暫不執行，這樣不獨「狗尾續貂」，貽笑大方，而且此例一開，後患堪慮。作爲二十年前提案委員之一，我更不能無言。

二

先論議員言論負責問題的三個解釋。

第一個是民國三十六年十二月院解字第三七三五號解釋，它指出：「縣參議員在會議時所爲無關會議事項之不法言論，仍應負責。」後來臺東縣議會因議員質詢被控，聲請監察院予以救濟。該院以該解釋是否違反保障民意代表在會議時所爲言論的憲法精神，聲請司法院解釋，大法官會議乃以釋字第一二二號解釋，認爲「尚不發生違憲問題」。

監察院認爲關於地方議員的言論保障，憲法雖無明文規定，但因地方議員也是人民代表，與中央民意代表共負監督政府和檢討政治的職責，當然也應享有言論免責權，且應認爲合於憲法精神，所以再度聲請司法院重行解釋，以資補救，於是司法院乃有第三個解釋（釋字第一六五號）。

釋字第一六五號在保障議員言論自由這方面，顯然作出了左列貢獻：

㈠它明文確認「地方議員在會議時就有關會議事項所爲之言論，應受保障，對外不負責任」。可是它沒有明示該項言論，如果違法或不法，是否仍受保障。但是鑒於同時它又說：「但就無關會議事項所爲顯然違法之言論，仍難免責」，可知地方議員在會議時的言論，祇要「有關會議事項」，即使「顯然違法」或「不法」，對外都不負責。

用第三七三五號解釋所依據的那位被議員指爲暗娼的女教員一例加以說明。如果那個質詢提出於教育質詢或討論事項或臨時動議的時候，雖然涉嫌誹謗或侮辱了她，但因是「有關會議事項」，對外便不負責任，那位教員不能加以控訴。

三

㈡那個解釋對「無關會議事項」的言論可能發生的責任加上「顯然違法」的限制，這也是對議員稍盡了保障之責。這是說，議員的言論須以一看就知是違背法律而毫無疑義者，方負責任。例如最近有一議員稱一位女校長是「再嫁夫人」，被判刑兩月，如果確定，便須坐牢和免職。但如依「顯然違法」來衡量，他便可以不負刑責，因它尚非「顯然違法」。

於是有一個問題。刑法規定：「依法令之行爲不罰」（第二十一條）。所以警察指控某女爲暗娼，而將她移送檢察官偵辦，即使她不被起訴，該警也不負侮辱或瀆職責任。依此例理，並參照中央民意代表言論免責權，尤其現行地方議會組織規程，對地方議員的言論免責權沒有加以絲毫限制，則議員在會議時即使發爲無關會議事項的「顯然違法」或不法的言論，例如指摘某教員爲暗娼，但因是「依法令之行爲」，有如警察之檢舉暗娼，尚不能認爲「顯然違法」，從而對外也就不必負責了。

四

㈢釋字第一六五號解釋對議員言論自由最卓越的貢獻，是在一反前一解釋（第一二二號）而把地方議員言論免責權納入憲法保障之列。因為第一二二號是認為：「地方議員在會議時所為之言論應如何保障，憲法未設有規定，本院院解字第三七三五號解釋，尚不發生違憲問題。」於是如果把它引申一下，議會組織規程删去或剝奪地方議員的質詢自由和討論自由，也就不違憲和違法。幸而第一六五號則把該舊解釋加以修正，明文確認：「地方議員在會議時所為之言論，並宜在憲法保障中央民意代表言論之精神下，依法予以適當之保障。」於是以後不獨大法官會議，也連立法機關，必須依據憲法，對地方議員的言論免責加以保障。

但我在欣慰之餘，仍有相當憂懼。因為現行地方議員言論免責的條文規定：「……在會議時所為之言論及表決，對外不負責任，」並無限制，有人如想限制，自應修改法律。現在大法官會議卻加了「但書」，認為「仍難免責」。這無異由大法官會議來修改那個全面保障的法條，而修改法條，乃是國民大會或立法機關的職權，似非司法解釋所可為。

尤有甚者，大法官會議這個解釋，不獨影響地方議員，也可能影響中央民意代表，特別是國民大會代表。因為大法官會議既可用「但書」對地方議員的免責權加以限制，將來當然也可如法泡製，於是憲法第三十二條可能變成這樣：「國民大會代表在會議時所為之言論及表決對會外不負責任」（原文），「但就無關會議事項所爲顯然違法之言論，仍難免責。」（大法官會議解釋原文）於是禍患就大了。

五

最後，請看釋字第一六五號關於警察不得拘留違警人的解釋。它的結論確認：「……爲加強人民身體自由之保障，違警罰法有關拘留罰役由警察官署裁決之規定，應迅改由法院依法定程序爲之，以符憲法第八條第一項之本旨。」

這個解釋，得來不易，値得欣慰。但聞大法官會議又表示，在未改由法院處理前，違警案件的拘留或罰役，仍可由警察官署繼續爲之。這就不對了。

按憲法第一七一條規定：「法律與憲法牴觸者無效。法律與憲法有無牴觸發生疑義時，由司法院（大法官會議）解釋之。」本案既經大法官會議解釋結果，認爲拘留罰役應由法院爲之，則當然不得由警察官署裁決和執行，現行違警罰法有關規定，自與憲法牴觸，自已無效，而無效的法制，政府自不應繼續執行。這是法治常軌，三尺童子都應知道，大法官會議不應自毀長城，自動授意警察官署可以繼續作拘留或罰役的裁決。

六

因此我不得不提出兩個呼籲：

第一、對於第一六五號解釋，我籲請正在研討該解釋的監察院、憲法學者和大法官會議劃清解釋法律和修改法律的界限，不可以解釋作修改，以保障法律的尊嚴和五院的分權。

第二、對於第一六六號解釋，我籲請行政院即日令飭全國警察官署不再行使拘留和罰役的裁決權，如有必要，可在二十四小時內移送法院核辦。

按違警事件都是輕微的案件，對當事人祇能拘留七天，大可改處罰金或「責付」，並須盡量交保，則法院的負擔也不致因而太重。將來如果能增設「治安法庭」，處理自更方便，但不能說沒有治安法庭便不能執行大法官會議的解釋。

六十九年十一月十日

六十九年十一月十五日修改文字

議員言論免責權的新發展

司法院爲了地方議會議員言論權問題作過三次解釋，眞可算是洋洋大觀。後兩次都是監察院所申請，由此可見該院維護民主法治的宏願。

司法院第一個解釋是民國三十六年院解字第三七三五號。它指出：「縣參議員在會議時所爲無關會議事項之不法言論，仍應負責。」

後來臺東縣議會因議員質詢被控，聲請監察院予以救濟。該院以該解釋是否違反保障民意代表在會議時所爲言論的憲法精神，聲請司法解釋，於是乃有第二個解釋。

司法院第二個解釋是民國五十六年的釋字第一二二號，主張：「地方議會議員在會議時所爲之言論，應如何保障，憲法未設有規定，本院院解字第三七三五號解釋，尚不發生違憲問題。」監察院很不以爲然，聲請司法院再作解釋，予以變更。該案一拖十餘年，但終於解釋下來了。

司法院第三個解釋乃是民國六十九年的第一六五號，確認：「地方議員在會議時就有關會議事項所爲之言論，應受保障，對外不負責任；但就無關會議事項所爲顯然違法之言論，仍難免責。」

很多監察委員對第三個解釋已感滿意，但葉時修、袁晴暉二委員仍持異議，我也一再撰文反對。有人對我質疑問難，我已一一答覆。茲記問答要旨如左：

問：地方議會議員在會議時所作人身攻擊的惡劣言論，應否也應予以保障？

答：當然應予以保障。最近大法官會議第一六五號解釋就明文確定：「地方議員在會議時，就有關會議事項所爲之（一切）言論，應受保障，對外不負責任。」例如議員在質詢時或在提案中提出事實和理由攻擊某官員是貪官汚吏，應受比盜匪更嚴厲的罪刑，或攻擊某校女教員是私娼，不堪爲人師表，應予以撤職。對這種惡劣的攻擊，依照法律和該解釋，那位議員對外都不負責，那位官員和女教員都不得對他控訴，法院也不得科以罪刑。

問：這樣說來，那位議員不是享有特權嗎？不是成爲特殊階級嗎？

答：是的，他有這個特權；與一般人比較，他是特殊階級。負責監督或監察政府官員的民意代表或地方議員，如果沒有這種特權，他就沒有勇氣檢舉那位官員的貪汚和那位女教員的敗行，所以國家不得不予以特別保障。

而且，如果說，他們不應有這種特別保障，那麼治安人員或檢察官也不得爲檢舉官員的貪汚和敗行而攻擊被告了。這對貪官汚吏自有好處，但國家人民則必因貪汚橫行而深受其害。所以民意代表或地方議員也不得對官吏的貪汚和敗行箝口結舌，而國家也對他們，包括民意代表，給予特別保障，以資鼓勵。

二

問：是否祇有法律或大法官會議第一六五號解釋給予地方議員以言論免責的特權，抑或憲法也給他們以這種特別保障呢？

答：第一六五號解釋明文指出，這種特權和特別保障有着憲法根據；它說：「地方議員在會議時所爲之言論，並宜在憲法保障中央民意代表言論之精神下，依法予以適當之保障。」因此，立法或行政機關便不得以法律或命令否定這種憲法精神和大法官會議這個解釋所確認的這種特權，即使大法官會議本身，也不得再以解釋加以否定或限制，因爲它將牴觸憲法精神。

問：這樣說來，第一六五號解釋已經很好，何以你主張還要大法官會議變更呢？

答：問題出在他的「但書」（「但無關會議事項所爲顯然違法之言論，仍難免責。」）：這不獨與憲法精神矛盾，而且增加「但書」，乃是立法機關的職權，大法官會議不應代行。此例一開，大法官會議也將有權在憲法保障國民大會代表或立監委員的言論免責條文中加上「但書」加以限制了；例如在「國民大會代表在會議時所爲之言論及表決對會外不負責任」的原文下，加上

「但書」：「……但無關會議事項所爲顯然違法之言論，仍難免責。」或在保障監察委員言論免責權的條文下加上「但書」：「……但如涉及人身攻擊的違法言論，仍難免責。」這些「但書」不獨顯然違憲，違背憲法條文和憲法精神，而且代行了國民大會的修憲權，顯然違法。

三

問：對地方議會議員言論的這樣保障，豈不認爲他們可以濫罵官吏麼？這總是不可以吧？

答：其實這是杞人之憂。我國行憲三十多年，中央民意代表二千多人有因有着言論免責權而濫罵官吏或政府麼？即使地方議員之濫罵者，也寥寥無幾，而且都已受了輿論和法院的懲儆。所以民意代表的言論實在沒有加以嚇阻的必要。正好相反，爲了澄清吏治和整肅政風，國家今日正應鼓勵民意代表克盡言責，以圖挽救。

而且司法院第一六五號解釋既認爲：「地方議員在會議時所爲之言論，並宜在憲法保障中央民意代表言論之精神下，依法予以適當之保障」，大法官會議依法便不得也無權利橫加「但書」予以自我否定和限制，這是我所最不以爲然的。

四

問：現在監察院已經決定不再申請司法院變更第一六五號解釋，但請司法院轉知各級偵審機關：「地方議員若因在會議時發言而被控涉嫌刑責，各級偵審機關應愼重處理，以免影響地方自治的實施。」這與民國五十六年監察院申請司法院變更第一二二號解釋的做法大不相同。其故何在？

答：你有看到一月十二日《聯合報》關於你這問題的評述嗎？它說：「民國五十六年監院專案小組所提出的研究報告，主張地方議員在會議中發言，應比照憲法保障中央民意代表言論的原則，享有充分的言論免責權，強調言論自由的觀點，較具理想主義的色彩；而司法院的解釋主張，地方議員的不法言論不能免責，考慮到目前部分地方議員素質良莠不齊，可能在會議中亂發謬論，造成爭端。這兩種觀點都有相當的理論支持，可謂仁智互見。監院新組成的專案小組支持司法院的主張，並獲得監院多數委員議決通過，顯示監院理想主義色彩似在逐漸淡化，轉而看重現實的考慮。」

話雖如此，但是監察院決議的訓示（「地方議員若因在會議時發言而被控涉嫌刑責，各級偵審機關應愼重辦理，以免影響地方自治的實施。」），比較大法官會議解釋的「但書」（「但就無關會議事項顯然違法之言論，仍難免責。」），自是有利於民主監督和民主政治。而大法官會議解釋的前半段，確定地方議員在會議時，有關會議事項的一切言論，卽使違法，也受保障，對外不負責任，此物此志，也是很可欣慰和嘉許的。

七十年四月二十四日

立法委員的總額問題及其解決辦法

立法院委員的總額問題，三十年來無人注意，最近則因院會開會的法定人數以及因爲人數不足而開不成，這才引起總額問題。

按：立法院的總額以八八一名計算。依該院組織法，院會須有總額的五分之一，即一七七名委員出席，始得開會。然而，現在立法委員的實際人數僅四〇四人，有時不能湊齊法定開會人數。因此屢屢發生「代簽到」或「流會」的事件。

這個現象，對立法院的議事功能和內部氣氛都有影響。國民黨主席蔣經國先生於上星期的中央常會中，已指示有關單位，好好研究這個問題，以謀合理解決。

我曾就這一問題發表三次意見，現錄於左：

立委總額問題及其對策

報載中央常會曾經聽取關於立委總額問題的報告，當經蔣主席提示「要好好研究一下」。爰特供其所見。

所謂「總額」，就是全體或全部。以立法委員而論，有三個主要計算標準：一是以第一屆實際選出立委人數和增額人數兩者合計爲標準，二是以來臺報到人數和增額人數兩者合計爲標準，三是以現在能夠參加會議的人數爲標準。

國民大會是採用第三個標準，那是以司法院大法官會議第八十五號解釋爲根據，它規定：「憲法所稱國民大會代表總額，在當前情形，應以依法選出而能應召集會之國民大會代表人數爲計算標準。」

立委總額問題最好能依這先例由大法官會議以解釋作如下的決定：「以依法選出而能應召集會之立法委員（包括大陸選出及在臺增選的兩種委員）人數爲計算標準。」

這樣解釋和計算的結果，立委總額可從現在的八八一人減爲四〇四人。

另一辦法可由立法院比照釋字第八十五號解釋的標準自行決定總額人數，結果也是四〇四人。將來委員如有出缺或增選，也可照這計算標準隨時變動。監察院的總額問題，就是照此辦理。

但是國民大會代表人數總額是經大法官會議解釋決定的，立法委員的總額是否也須由大法官會議解釋決定呢？我以爲最好是由大法官會議解釋決定，但立法院似乎也可自定標準。因爲國大代表的「總額」，憲法第一七四條有明文規定，它說：「憲法之修改……一、由國民大會代表總額五分之一之提議……」，而這「總額」應該是指依照憲法第二十六條選出的人數，如須變通，則須解釋。

但憲法同一條文中關於立法委員提議修憲的人數則祇規定：「……二、由立法院立法委員四分之一之提議……」，文中並無「總額」二字。如果是有意省略（請注意這個先決條件），則立委總額自可不受憲法第六十四條所選人數的限制，而可由立法院自行決定，例如以能應召集會人數爲總額。如有爭議，再行申請大法官會議解釋。

七十年九月三日

三種辦法那一種最好？

關於立法委員總額問題，我以爲有加以解決的必要，這不僅是爲了應付目前日常開會所需五分之一的法定人數的困擾。尤其是爲了將來執行憲法第一百七十四條第二款有關憲法修改所需要的規定人數：由立法院委員四分之一之提議，四分之三之出席等人數的困難問題。

至於解決辦法，我以爲可照國民大會總額問題先例，由司法院大法官會議援用釋字第八十五條的精神，作成新的解釋，代擬如下：「立法院立法委員的總額在當前情形應以依法選出而能應召集會之立法委員人數爲計算標準。」

如果這樣解釋，則立法委員總額，不必是八百八十一名，而可以減少爲四百零四名。

這也使我連想到監察院的同一困難。監察院一向以自訂的計算標準來決定憲法第一百條的所謂「全體監察委員」，它也是以能應召集會之委員人數爲計算標準，但這是監察院自訂的辦法，沒有憲法上的根據，過去曾引起爭論。我覺得這個問題，也應用司法院大法官會議解釋的方法加以確定。

（對《聯合報》記者的談話）

立委總額問題的新構想

今日報載有關方面正就立委總額問題研究兩點：一、將現行計算標準由立法院自行變更爲以能應召開會的人數爲計算標準。這樣可從八八一人降低爲四〇四人。二、將現行會議的法定人數從一七七人降低爲一二〇人。

我對這兩點認爲都不很妥當，理由如下：

一、我贊成變更總額計算標準，因爲如仍以八八一人爲總額，而立法院提議修改憲法案則需八八一人的四分之一的連署和四分之三的出席，而現有人數則僅四〇四人，則提議修憲將絕不可能。

但變更總額計算標準，國民大會是經大法官會議解釋，立法院是否可以自行變更？我在前一意見書中原也提到這個辦法。但後來對《聯合報》記者的談話中，我不再提及。理由是因爲立法院掌有宣戰媾和等大權，必須做得十分妥適方能服人。鑒於國大總額的變更須經大法官會議解釋，立法院如可獨斷獨行，則相形之下自將引起爭議，動搖法案基礎。影響嚴重，不宜輕斷。

二、至於日常會議的法定人數僅爲一七七人，與現有四〇四人相較，標準已不很高，時論已有煩言，如再降低人數何能自圓其說！而且祇要立委稍以院事爲重，何致不能成會，何必再減人數，令人失望，惹人議論！

爲今之計，我以爲以上兩點都不必作快速決定。因爲關於總額計算標準的變更，固然勢在必行，但最近期內似尚無這需要。可是變更則必須經過大法官會議解釋，以杜爭議而策萬全。似可請專家學者再加研究。

如果決定送請大法官會議解釋，則一兩個月內就可產生結果，眞所謂「輕而易舉」，而且那時立法院日常開會的法定人數也可依法連帶降低了，所以目前不必過分急就。

七十年九月五日

加強立委服務品質，任期似非癥結

戎撫天專訪

新當選的增額立委賴晚鐘，日前在有關方面召開的一項座談會中提出建議，主張適當延長立法委員任期，使增額立委能充分爲選民服務。

憲法規定，立法委員任期三年，監察委員及國大代表任期六年，同屬中央民意代表，任期長短不同，所以多年來，不斷有人建議延長立法委員的任期。

部分任期屆滿的增額立委也曾建議政府，延長立委任期。目前任期祇有三年，第一年學習，第二年發揮，第三年就要籌備競選連任，眞正爲選民服務，祇有一年時間，「很難滿足選民的要求」。

這些理由說來似不無道理。例如立法院最近一個會期，多數競選連任的增額立委很少露面，都回原選區忙着競選去了，可見任期太短，會影響服務的品質。

不過，立委任期明載於憲法第六十五條，動員戡亂時期臨時條款僅凍結有關立委名額的條文，第六十五條並未凍結。延長立委任期，涉及修憲或修改臨時條款，均非易事。

從學理而言，三年任期是否太短呢？總統府國策顧問陶百川指出，立委職務的性質與行政官員不同，行政官員當選後，要擬定計畫、執行計畫，然後才能看出施政效果。而立法委員祇要坐上議席，就可以行使職權。縣市行政官員任期祇有四年，立法委員任期三年應該不算短。國大代表任期六年，是爲配合總統任期，監察委員任期六年，制憲者設計之初，可能考慮監委的專業性重於代表性，可以任期較長。

他說，國會議員的代表性重於專業性，這是世界各國國會的共同趨勢，因爲科技日趨進步，分工精細，制定法案或編列預算都愈來愈依賴行政部門的專才，立法部門居於「批准者」的地位，所以立法委員的民意代表性特別重要。

陶百川強調，現代社會的特性之一，是民意變動很快，立委任期六年，等於六年才徵詢民意一次，似乎過長，還是三年較妥。

另外一位學術界人士主張，與其延長立委任期，不如從改善選舉風氣，強化立委職權着手，較有實效。

他說，去年舉辦的增額中央民意代表選舉，由於選舉罷免法貫徹執行，選舉氣氛熱烈而不激烈，達成了選舉的目標，規範既已建立，將來選舉有軌跡可循，比較容易維持秩序。

選舉的潛在威脅既已解除，選舉熱烈將促使候選人更努力認同選民利益，行使職權時更爲認眞，未嘗不是一件促進民主政治的好事。

不過，政府也應該研究端正選舉風氣，減少選舉花費，並設法由公費貼補選舉經費，或由政黨籌募費用，不必由候選人自行負擔，當可減輕候選人的壓力，較能專心行使職權，如何強化立委職權，也是值得重視的一個問題。將來似宜在政策上多鼓勵立委發言，行政部門也應尊重立委的建議，使他們能向選民交代。

增額立法委員任期三年，不僅明載於憲法，也是政府於民國六十一年增訂臨時條款所規定，似不宜輕易變動。不過，如能就上述問題加以檢討改善，增額立委的任期應否延長，應該不成問題。

監察委員應否改由人民直接選擧？

監察委員現由各省市議會選擧產生，但是因爲上次增額選擧傳有賄選情事，有人主張改由人民直接選擧。何者較爲適宜，我在拙著《比較監察制度》中曾加比較，可供參考，摘錄於後。

一

中國以前的御史和諫官都是帝王所委派。民國初年的肅政使是大總統所委派。民國二十年二月二日訓政時期監察院正式成立，監察委員二十三人，以及以後迭次增派的監察委員，都是國民政府所任命。民國三十七年六月五日成立的行憲監察院，它的監察委員方由人民選擧產生。但民國六十二年增選的監察委員，其中代表海外僑胞的，因在外國無法辦理選擧，乃由政府遴選。

我國國民大會代表和立法委員，都由各縣市和各地區的人民或職業團體的組成分子直接投票選擧，但監察委員則「由省市議會、蒙古西藏地方議會和華僑團體選擧之。其名額分配依下列之規定：一、每省五人。二、每直轄市二人。三、蒙古各盟旗共八人。四、西藏八人。五、僑居國外之國民八人」（憲法第九十一條）。

在國民政府二十五年五月五日公布的所謂「五五憲草」中，監察委員本來規定「由各省蒙古西藏及僑居國外國民所選出之國民代表各預選二人，提請國民大會選舉之。其人選不以國民代表爲限」（第九十條）。但經政治協商會議與各方協調結果，改由地方議會選舉，並經國民政府提請制憲國民大會修正通過，經政府公布施行。

國會議員之由地方議會選舉，不僅中國，也不僅聯邦國家。例如荷蘭國會第一院的議員是由各省議會議員依比例代表制選舉產生。

馬來西亞參議院的參議員，由各州議會選舉二人，並由元首任命十六人。

阿根廷憲法第四十六條規定；參議院參議員每省二人，由省議會選舉之。

美國參議院的議員，在一九一三年前也由各州議會所選舉，每州二人。但衆議員則由全國人民普選產生。

美國制憲會議對參議員的產生方法（由州議會選舉）本來寄以厚望。例如漢米爾敦曾說：「州議會是民選的團體，由它們來推參議員，我們有理由可以期待參議院的組成，應會經過卓越的關注和判斷。」狄更生說得更具體：「讓大家記牢：參議院是由各州議會所創建的，其構成分子是各州人民認爲最值得推薦出去的，而他們（各州議員）必將以宗教的虔誠去選擇全州利益和榮譽所繫的參議員人選。」

二

此外，藍道夫和梅迭生，這二位美國制憲會議的重要人物，提供了更深一層的理由。藍道夫說：「（國會所以要有第二院）的一般目的，是在對一些壞處提供救治的方法，這是美國早在努力以求的；而對這些壞處追蹤其根源，人人知道乃在民主政治的喧囂和愚蠢；爲了在我們政府制度中預防這些傾向，一個好的參議院可能是正確的答案。」

梅迭生說得更具體：「參議院的用處，是在它的議事過程中比較民選的另一院能夠表現更冷靜、更有秩序和更富於智慧。」

而且制憲會議的代表認爲由各州議會產生參議員，能夠發生過濾作用，使其人選比較普選所產生的更孚衆望。

但美國這個間接選舉制實施了一百二十餘年後，因爲短兵相接，競爭劇烈，於是流弊叢生，黨爭、賄賂、暴行和紊亂之外，最大困難是形成僵局，人選不能如期產生。於是乃有一九一三年的憲法第十七條修正案，規定參議員改由各州人民直接選舉。

但是依據海納斯教授的研究，「參議院在由州議會選舉的時期負有很高的聲望，可見制憲會議所選擇的產生方法是正確的。而且，我們應該承認州議會選舉時期所發生的有些流弊是能夠糾正的，而依照近來的經驗，參議員的直接選舉，有些結果卻與理想相距很遠。」

關於我國地方議會選舉監察委員，有人認爲是仿自美國參議院，並說：「美國爲聯邦國，且爲代議制度之國家，故其政治設計，完全本於代議制之原則，並求適合於聯邦之環境。中國爲單一國家，已與美國有別，且中華民國憲法亦聲言『依據孫中山先生之遺敎』，孫中山先生遺敎之精華，在於政權治權之劃分，玆廼捨棄此基本原則，而強爲效顰於美國之代議政治，是已忘其本源。」

三

但是美國參議員早已不是由地方議會選舉，而改由人民普選。而且它與聯邦制度也沒有必然的關係，荷蘭不是聯邦國家，但也施行間接選舉制。

至於監察委員和立法委員不由國民大會選舉或不免所謂「忘其本源」。但是制憲國民大會，所以不讓國民大會選舉，自有較大理由。其中之一，是讓人民對於政府的組成享有較大的直接的決定權，而不願把這件大事完全委之於一批代表——國民大會。而且依孫中山先生的「本源」而論，國民大會代表仍是代議士，不是人民全體，由他們選舉立監委員，絕非全民政治。請看他說：「從前沒有充分民權的時候，人民選舉了官吏議員之後，便不能夠再問。這種民權是間接民權。間接民權就是代議政體。用代議士去管理政府，人民不能直接去管理政府。要人民能夠直接管理政府，便要人民能夠實行四個民權。人民能夠實行四個民權，才叫做全民政治。」

中山先生所說的「四個民權」，是選舉權、罷免權、創制權和複決權，都應由全國人民直接行使，這才叫做全民政治。反之，如果把它們委託代表去執行，卽使叫做「國民」「大會」，但仍是代議政治。不是「長治久安之計」。因爲他說：「外國人所希望的代議政體，以爲就是人類和國家的長治久安之計，那是不足信的。……我們國民黨提倡三民主義來改造中國，所主張的民權，把中國改成一個全民政治，要駕乎歐美之上。」

四

至於監察委員由省市議會選舉雖不是全民政治，但另有好處。省市議員來自民間，他們有爲選民服務的責任。這許多選民，如對國事有意見，他們會向他們選舉的省市議員去陳述，如爲警察或法官所冤枉，他們會向省市議員訴苦，如遭官吏欺侮或壓迫，他們會請省市議員援助。可是省市議員的權力很有限，他們祇有質詢權而沒有調查權，祇有告發權而沒有彈劾權，祇有申說權而沒有糾正權，而且權力行使的範圍，祇限於地方而不及於中央，所以他們爲選民服務的權力，範圍和效果都很有限。

於是由省市議員選舉和罷免監察委員，不失爲一個補救辦法。祇要監察委員的人選適當，省市議員便可透過他們爲選民服務，做喉舌以申民意，做耳目以宣民隱，做守夜狗以防民賊，做清道夫以潔民路，做安全瓣以洩民憤。省市議員的功能於是因而便更大了。

就監察委員來說，他們也可以省市議會爲耳目，了解更多和更深的民情、民隱和民需。而且因爲省市議會握有對監察委員的罷免權，有如唐僧控制孫行者的「緊箍咒」，監察委員便不敢過分怠惰、放肆或失職。比較「一盤散沙」的廣大選民，省市議員更能發揮咒語的威力。

此外，這種安排，尙可增強中央民意機關對地方民意機關的責任，加強它們二者之間的紐帶和關係。

不僅如此，省市議會通過的預算，依照現制，是由監察院特設省市審計處加以監督，它們通過的法規，省府執行是否恰當，也由監察院加以監察。省市議員有權選舉和罷免監察委員，便可「監察」他們（監察委員）認眞執行職務，不敢漠不關心。

監察院有否必要建立聽證制度？

《聯合報記者專訪》

監察委員尤清在昨天的監察院院會中，提案建議修改監察法，在監察院建立「聽證制度」。監察委員對此一提案討論雖熱烈，看法卻不一致，未達成結論，決議交給法規委員會研究。

記者曾就「監察院是否有必要建立聽證制度？」訪問了國策顧問陶百川，及對憲法和政治學素有研究的張劍寒和胡佛兩位教授，請他們發表意見。

陶百川表示，他對於設立「聽證制度」十分贊同，但不贊成修改監察法。主要有下述三點理由：

——監察法的修訂，必須送立法院完成立法程序，這是一件相當麻煩的事。

——祇要在「監察院各委員會辦事規則」第九條：「各委員會依照憲法第九十六條規定，調查行政院及其各部會一切設施時，得邀請行政院及其各部會首長列席報告。」的規定後，加上一段：「各委員會於必要時得邀請專家學者提供意見。」即可不經立法程序，祇經院會通過，而建立監察院的「聽證制度」。

——「聽證制度」的行使範圍應有其限度，祇適於憲法第九十六條及監察法第二十四條的規定範圍內。

憲法第九十六條規定：「監察院得按行政院及其各部會之工作，分設若干委員會，調查一切設施，注意其是否違法或失職。」

監察法第二十四條規定：「監察院於調查行政院及其所屬各機關之工作及設施後，經各有關委員會之審查及決議，得由監察院提出糾正案，移送行政院或有關部會，促其注意改善。」

陶百川的意思是說，憲法第九十六條和監察法第二十四條規定事項——行政設施及糾正都需專門知識，邀請專家學者表示意見，對於監察權的發揮有幫助。但彈劾須秘密進行，如行「聽證」，不但違反監察法，也影響人民權益；所以有關彈劾案件，則不適用「聽證」制度。

臺大政治系教授胡佛說，他個人也贊成監察權中的糾正權，有舉行「聽證」的必要。胡佛表示，監察權基本上可分兩大類：一是對人，一是對事。在對人方面，包括糾舉、彈劾、同意等權。

其中糾舉和彈劾都是對公務員違法失職行為的追訴，視同「准司法權」的行使，行使糾舉和彈劾權的委員，性質與檢察官近似，是直接對當事人和關係人調查證據，自無必要舉行「聽證」。

就同意權來說，監察院就總統提名的司法院院長、副院長、大法官，及考試院院長、副院長、考試委員行使同意權投票時，亦不妨行使「聽證」。

胡教授指出，美國參議院對政府重要人事案，如這次雷根任命海格將軍爲國務卿，參院在行使同意權時，也照例舉行「聽證會」，請海格到場，參議員提出問題，由海格答覆，看看他是否有資格擔任國務卿職務。

胡佛說，他個人不反對監察院在行使同意權時，也如此辦理。

胡佛認爲，監察院行使糾正權時，最適宜舉行「聽證會」。因爲糾正案是針對政府政策與法規制訂的內容是否得當？執行過程是否妥切？而提出糾正，牽涉專門性問題較多。如前不久監院派員調查「B型肝炎疫苗」接種問題，如能邀請專家、學者舉行聽證，必能使糾正案更爲正確，對監察院功能的充分發揮是有很大助益的。

曾經發表「政治革新與聽證制度」專文的臺大政治系主任張劍寒教授則表示，原則上他同意在監察院建立「聽證制度」，但他不認爲一定非經立法程序不可。

他說，下述三種情況，卽應排除在「聽證」的適用範圍之外：

——有關國防或外交機密事項，爲了國家安全，不應舉辦「聽證」。

——緊急性的事項，如緊急救災、危急救難都不必「聽證」，以免貽誤時機。

——內部的行政法規，與人民沒有直接權利義務關係，毋需舉行聽證。

七十年三月十七日

監察院院會性質在轉變？

劉黎兒專訪

監察院的院會在最近幾個月以來，有許多的「意外之作」，也就是有多位監察委員經常在院會中提出臨時動議，這些動議大抵皆一反過去屬於「程序性」、「事務性」的問題，而多關係時政、重大變故等，使人感到監察院院會的性質是否在轉變之中？

即以九月份的兩次院會而論，其中委員幾乎用去所有的時間來討論遠航空難和嘉南雨災的問題，八月份的院會則討論空地限建政策和當前經濟不景氣情況，院會的功能似乎不再僅限於過去的「收發轉呈」了。

但是監察權的本質爲個人行使職權，監察院院會的法律地位亦不同於採合議制的立法院，因此此種院會性質的轉變是否合宜，誠有值得商榷之處。

陶百川先生認爲，監察院自新委員進院之後，一直力求表現，一方面希望其所提之意見能得到全體委員之重視，所以便在院會中提出；而另一方面可能是因重大變故，爲爭取時效，所以在各該相關委員會開會之前先行在院會中提出。

陶百川表示，基本上將議案在院會中提出來，使獲得一個全體委員交換意見的機會，並無甚麼不妥，係屬無可厚非之事。

不過陶百川指出，這種情形要注意院會絕對不可作任何代行委員會之決議，否則便變成擴大院會之職權了。

陶百川表示，監察院的委員會，依照「監院委員會組織法」的規定，係為行使監察權的眞正組織，而院會則不具此特質，故委員會之權力自不能讓院會來代替。監察院的院會實際上僅能行使同意權，而監察權重心所在的糾正權之行使卻在委員會，所以監察院院會一定不能作成任何有實質內容之決議。

臺大教授李鴻禧則認為，監察院院會有其一定的功能，如果一些關於政策的問題，如金融問題、二重疏洪道開關問題、空地限建政策等，由監委在院會中來討論，實易造成類似立委質詢的假象，易引起外界的誤解，而產生權力重疊的問題；至於另外如遠航空難、頭前溪車禍事件，由於時間性的關係，監委自不妨在院會提出討論，委員們可以針對主管官員是否違法失職發言，以做為將來行使糾彈的參考指標，如此一來，雖然院會的討論，限於職權性質，未能有具體決議，但是對監察權的行使則有其積極意義在焉。

美英印國會的調查和質詢

美國國會一向就以調查作爲它監察行政部門的方法和職權之一。自第二次世界大戰結束以來，這種作爲使立法機構監察技術的特殊工具的重要性已大增。一部分是因一九四六年立法機構重組法案（Legislative Reorganization Act of 1946）的若干條款賦予國會委員會調查的推動力。這項法案，是根據一九四六年國會聯合委員會報告中的主要建議而擬訂的。

爲使國會具有更佳的「監視」法律執行的能力，那份報告建議：「指導並授權兩院常設委員會繼續監視法規和各機構依權限行事。給予它們簽發傳票之權。並廢止特別調查委員會的作法。」該報告又進而建議，「核准各重組的立法機構委員會聘用四名符合規定條件的各特殊方面的專家。」

爲支持其建議，這個聯合委員會表示：「憲法雖明定劃分行政與立法部門的權限，卻無意讓它們各行其是和背道而馳。國會與各部會間的鴻溝已逐年加深。龐大行政部門的活動假使沒有有效的立法機構監督，民主政治的界線將逐漸模糊。每三百萬名聯邦職員中僅有一人是由人民選出並對人民直接負責。」

國會調查行政部門以防止行政機關的管理不善、無能以及濫用職權的重要性和效用是不能否認的，這是憲法賦予國會的一種防範職責。

立法機構重組法案在一九四六年八月二日由杜魯門總統簽署成爲法律，除了廢止特別調查委員會的機構外，它包括了這些建議的大部分內容和其他有關的建議。這項法案在參議院通過時，禁止設立特別調查委員會，但衆議院删除了這項條款。雖然如此，這項法案的精神對常設委員會的調查給予堅定的法律支持。在一九四六年以後的幾年中，特別調查委員會的作用顯著減少，在參議院中尤其如此。

在人員和職權方面加強後，兩院的常設委員會乃能擴大國會的調查，這是一九四六年以來的特色。

遠在一七九二年春天，美國衆議院決定調查沈克萊將軍（General St. Clair）遠征西北領地的某些印地安部族遭到慘敗之事時，開始了第一次國會對政府的調查。它在三月二十七日，要求華盛頓總統展開這項調查的一項初步議案遭到否決，原因是它違反權能劃分的原則。但它接着通過一項設立特別委員會進行調查的決議案，麥迪森曾爲這項行動辯護，理由是國會有權進行有關財政的調查。

這個特別委員會的第一步行動，是要陸軍部長諾克斯提供所有與那次遠征有關的原始信件、命令和其他文件。諾克斯向華盛頓總統報告此事，華盛頓卽召開內閣會議討論這個問題。在四月二日，內閣一致決定，衆議院有權進行這種調查並索閱文件，總統也應當交出「公共利益所允許的那些文件」，但應拒絕提供透露之後「將損害公衆」的文件。內閣一致認爲，所有與沈克萊遠征有關的文件都應提出，華盛頓也指示陸軍部長奉命行事。

該委員會在一七九二年五月八日送交衆議院的調查報告，宣告沈克萊將軍無罪，而指責陸軍部，尤其是軍需和承辦人員管理不善、嚴重疏忽和延遲供應必需的被服和彈藥。國會並未遵照這份報告行事，衆議院中的聯邦黨員也阻止了它的公布，因爲他們認爲它將損及諾克斯和漢米頓兩位部長。

在美國歷史上或許沒有一個其他國會委員會在使政府達成必要的改善和大量撙節金錢、人員和物資方面作得比杜魯門委員會更爲有效。爲了戰爭工業生產的高速度以及軍事設施的快速擴張，第二次世界大戰時期美國不能不有龐大的開支，而且爲了速度的需要，通常的程序和防範措施也都簡化，於是驚人浪費和錯誤的措施也因而增多。杜魯門參議員所領導的一個委員會所調查的就是這種情況，而它毫無畏懼的進行調查，要求改善管理，更謹愼的策劃，以更明智而更佳的判斷行事，並避免浪費。有趣的是，英國國會也利用一個類似的預算特別委員會來調查鉅額的戰時開支，而獲得同樣的好果。

許多因素造成杜魯門委員會的成功。例如委員會的主席能充分指揮這種調查，聘用了能幹的職員，調查在極爲公正的方式下進行。而且該委員會得到行政部門的合作，後者與它共同工作，避免感情上的指控，並在提出任何報告前核對各項事實，於是贏得政府的支持，而它的工作也受到被調查的各部會首長的熱烈支持。但是若干這些因素多半是起因於美國當時正處於戰爭狀態，在平時它們將不常出現。雖然如此，該委員會進行調查的方法，可以作為一個有益的典範。

一九四六年立法機構重組法案的「立法機構監督」條款，指導國會的每一常設委員會，對它們管轄範圍內的政府機構的工作進行不斷的檢討，賦予調查工作極大的原動力。此外，衆議院和參議院的行政部門支出委員會（後來改名為政府工作委員會），獲得授權，可對任何政府活動進行調查。參議院所有的常設委員會都有權票傳證人，要求提出文件，並在每次國會會期花費美金一萬元之多。衆議院的四個常設委員會：撥款、政府工作、非美國人活動，以及法規委員會，獲得授權可以票傳證人並索閱文件；而其他衆議院委員會在行使這些權力前，必須取得衆議院的特別授權。

美國國會對政府的監視，極為廣泛，所有的常設委員會都可行使這項職權。所以每一行政機關至少受到六個國會委員會的監視和調查。兩院的撥款委員會和許多的撥款小組委員會，對行政部門進行更多的監督。參議院和衆議院的政府工作委員會，有權調查所有行政部門的措施，並已成為大規模的調查機構。

但是，英國則不然。英國國會一向被稱為「大陪審員」（Grand Inquest），也是第一個行使調查權的立法機構。但是時至今日，除了與它本身議事程序有關的調查外，英國國會的調查工作已很少。它祇有兩個定期調查政府的委員會——政府會計委員會（Public Accounts Committee）和預算特別委員會（Select Committee of Estimates），每個委員會各有明定的職掌。

英國政府向不願國會委員會去蒐集攻擊它的資料。如果需要，政府就會自行調查。如果主題涉及廣泛的社會和經濟問題，它會任命一個皇家調查委員會，委員是依資格、名望和客觀性來遴選。如果要調查有關政府官員行爲不檢的指控，它會設立一個由一位著名法官領導的調查法庭。如果要調查政府的問題，它會遴選具有特殊資格的各部會高級文官組成一個委員會。政府須負責遴選這些不同形式調查的人員，如果被指定的人選資格不夠或不適當，政府會在國會中遭到嚴厲的抨擊。

雖然英國下議院極少對政府進行調查，但它有其他調查政府各部會工作的方法。那就是國會的質詢權。它常被用以調查引起民衆抱怨的政府行動，並且經常迫使各部會設法改善。在英國國會開會期間，質詢是繼續不斷的，而且所有議員都可提出質詢。美國國會的聽證會能對政府問題從事徹底的調查，而英國國會的質詢則對各部會各方面的工作進行有限度的調查。

在不列顛國協的會員國，都採用以質詢爲調查的方法。以印度爲例，它的質詢和調查的慣例有如下述：

在印度衆議院，除非議長另有指示，否則每次開會的第一小時（上午十一時）都指定爲質詢和答覆的時間。希望提出問題的議員，必須在十天前以書面通知衆議院的書記，指明質詢的部長和希望質詢列入議程的日期（這一日期應當是在提出質詢通知至少五天之後）。如果要求以口頭方式答覆的問題，則應註上星標（＊）。議員不得在一天內提出三個以上註上星標的問題。超過三個以上的問題就列爲以書面答覆的質詢。

提出質詢的權利是每一議員極珍貴的職權。但這種權利受到兩個條件的限制：第一、爲獲得有關閣員管轄範圍內重要事項的資料，都可提出質詢；第二、應當遵守議事規則第四十一條㈠有關質詢性質所列舉的下述限制：

一、不得提出任何並非爲使人了解問題而絕對必要的姓名或聲明；

二、如果它包含一項聲明，議員須自行對該項聲明的正確性負責；

三、不得含有議論、推論、譏諷的辭句、責難、描述詞或誹謗的陳述；

四、不得要求對一項抽象的法律問題，或假定的待決問題的解決辦法表示意見；

五、不得問及任何人在公職以外的品性或行爲；

六、問題通常不得超過一百五十字；

七、不得涉及並非主要與印度政府有關的事務；

八、不得詢問一個委員會尚未向衆議院提出報告的議事程序；

九、不得損害任何人的品德或行爲。祇有在提出一項實際動議時，才能詰難一個人的行爲；

十、不得對個人的品德提出或暗示一項指控；

十一、不得提出無法在答覆質詢的範圍內解決的有關政策的重大問題；

十二、不得重複在本質上已經答覆或被拒絕答覆的問題；

十三、不得要求提供有關瑣碎事項的資料；

十四、通常不得詢問有關過去歷史事務的資料；

十五、不得詢及在容易取得的文件或普通參考資料中已有的資料；

十六、不得提及並非主要對印度政府負責的機構或人員管轄下的事務；

十七、不得詢及有關對印度任何地區具有司法權的法庭判決下的事務；

十八、不得涉及與閣員無正式關係的事務；

十九、提及友邦不得無禮；

二十、不得詢及有關內閣討論的資料，或向總統提出的有關憲法、法律或條約明文規定不得透露消息的任何事項的建議；

二十一、通常不得詢及一個國會委員會考慮中的事項；

二十二、通常不得詢及任何法院或當局行使任何司法或準司法功能，或任命任何委員會或調查法庭調查之前尚未解決的事項，但若不致妨害法院或委員會或調查法庭考慮此事時，可以提及與程序或主題或調查階段有關的問題。

一項質詢是否准許提出，應由議長決定，他也可以決定要求口頭答覆的問題是否應當改以書面答覆。已提出質詢通知的議員，可以撤回質詢或展延質詢的日期。缺席議員的質詢問題，在議長自由決定後，可應任何議員的請求予以答覆。對任何問題的答覆，不得進行討論，但任何議員均可提出補充性的問題，以進一步說明與提出的答覆有關的任何事實。

政黨政治是國家長治久安的基礎，能在兩年內實現麼？

新加坡「一黨獨大」而內安外美，其道何在？

其一

新加坡最近舉行一次大選，李光耀總理所領導的人民行動黨，再度席捲了國會七十五個席位，七個反對黨雖也獲得百分之三十選民的支持，但無一人當選。

一個執政黨控制國會，並非難事，李光耀先生所以難能可貴的，乃是他以一黨獨大，而仍能做到內部安定，人民悅服，而且外觀美好，爲世所稱。

我曾爲政治之道，畫龍點睛，有如下文：

自由民主，須靠制衡；
制衡過甚，妨害安定。
大黨執政，小黨陪競，

盈虛安排，煞費苦心。

李光耀先生似乎已達到這種境界。其道安在？

再者，新加坡本是英國的屬地，現仍是「大英國協」的一員，擁戴英國女王爲領袖。這兩國間的微妙關係，可否作爲分裂國家的統一模式，這也值得研究。

又，新加坡在脫離英國後，本與馬來西亞共組聯邦，後來宣佈獨立。現在兩國如何和平相處？有無互助之道？也很可研究。

以上三項，日後擬親往考察。

六十九年十二月二十六日

其二

總統府國策顧問陶百川對外傳他此次出國係爲「躲避選舉」困擾，表示實在無此必要。他說：「因爲國民黨提名的候選人自有黨部輔選，不用我去費心，至於黨外人士雖知我一直主張容忍『爭衡』（尙非『制衡』）力量，讓黨外候選人也能當選，以期更能發揚自由民主，更能加速政治革新，更能補救一黨獨大，但黨外人士知道我是中國國民黨忠實同志，不能替他們助選，所以很少找我協助，我因而沒有甚麼選舉困擾須躲避。」

陶百川係於上（十）月間前往美國觀光考察，甫於日昨返抵國門。他對選舉一向寄以厚望，關切彌深，他認爲，「坐在前排看白戲」，是何等優閒愉快，所以已於日昨提前回國，趕上了這場「壓軸戲」。

陶百川並向友人說明他此次赴美國前之所以想去新加坡觀光，不是想看它的國宅政策和清潔環境，而是因爲他對下列三項問題特感興趣：

第一、它也是一黨獨大，但卻內維安和，外享盛名，道理何在？

第二、它和馬來西亞本來合組聯邦，一九六五年宣告分離，但一小一大，迄今兩國和平共存，相安無事，道理何在？

第三、它脫離英國而獨立，便一直留在不列顛國協，而以英皇爲「國協領袖」（Head of Commonwealth）。其中有些國家，例如加拿大且仍奉英皇爲「國家元首」（Head of State），這種集體統一而各自獨立的制度，道理何在？

林一　《自立晚報》

臺灣政黨政治的曙光和遠景

《亞洲人》月刊編者按語：本文曾於今年六月初在香港《中報月刊》發表，備受關心中國前途的海外人士所重視，對陶百川先生謀國之忠誠苦心，尤爲欽仰。本刊特徵得陶先生之同意，予以轉載，以饗國內讀者。

所謂「政黨政治」，我以爲：第一、國家准許人民依法組織政黨；第二、兩個以上的政黨派出代表競選行政首長和國會議員，從而可能對政權作和平的輪替。現代民主國家都已實行這種政黨政治，一部分開發中國家，也多急起直追，勉爲其難。

中華民國在大陸時代也是多黨並存，各佔議席，本已具備政黨政治的規模。政府遷臺以後，國民黨、青年黨和民社黨雖繼續存在和合作，但因國家實施戒嚴，人民不得組織新黨。這不能不說是美中不足。

今年二月，國民黨爲了召開第十二次全國代表大會，向各界廣徵意見，我因而被邀參加一個座談會，就臺灣能否實行政黨政治發表談話，本文就是那個發言紀錄。但是一直沒有公開發表。

後來費希平和康寧祥等十位立法委員在立法院提出質詢，主張開放黨禁。行政院的書面答覆，指出：「依戒嚴法第十一條第一項之規定，戒嚴時期得停止結社。目前國家正處於非常時期，暫停在已有政黨之外另組新黨，於法並無不合。」

這個答覆比較以前顯有彈性和進步。因爲它使用「暫停」兩字，這表示組織新黨在原則上可以准許，而且不致停得太久。它又再度肯定了青年黨和民社黨的政治地位，可能預示政黨政治的恢復和肯定。至於所說「於法並無不合」，祇是就法言法，當不包含政治問題在內，後者顯然應予重視。因此，我認爲正常的政黨政治已在臺灣展露曙光，略顯遠景。

但是曙光能否不爲烏雲所蔽？行政院所說的「暫停」，將會停到何時？其實我也主張「暫停」，但以兩年爲限。我希望行政院的「暫停」不致拖得太久。

同時，我願本文能爲大陸人士所看到，從而可望在大陸散播一些政黨政治的種籽，以促進三民主義的國家統一。這也是我把本文投登《中報月刊》的用意。天佑中國！

七十年四月十日　作者弁言

臺灣政黨政治的曙光和遠景

這次中國國民黨召開第十二屆全代會，我認爲意義重大，影響深遠。但我不是代表，也不是列席人員，沒有參加的機會，幸而今天有這個座談會，我願就討論題綱所列的第一個子題：「如何促進正常的政黨政治」略貢所見，作爲對十二全會的獻言。

一

剛才王世憲先生談到，國民黨的文告很少提到「政黨政治」字樣，這話是不錯的。因此我替本黨（國民黨）在黨的歷史文獻上找一下理論根據。其實這也並非難事，這種根據一找便可找到，那就是本黨總理孫中山先生的遺敎。我在裏面找到了幾段話，他講得實在太好了，眞是非常透徹，非常誠懇。現在我向諸位讀一下中山先生「政黨之要義在爲國家造幸福爲人民謀樂利」（民國二年三月一日在國民黨東京支部廣東同鄉會聯合歡迎會演講）的話。他說：「橫覽全球，無論爲民主共和國，爲君主立憲國，莫不有政黨。黨之用意，彼此助政治之發達。兩黨互相進退，得國民贊成多數者爲在位黨，起而掌握政治之權。國民贊成少數者爲在野黨，居於監督之地位，研究政治之適當與否。凡一黨秉政，不能事事完善，必有在野黨從旁觀察以監督其行動，可以隨時指明。國民見在位黨之政策不利於國家，必思有以改絃更張，因而贊成在野黨之政策者必居多數；在野黨得多數國民之信仰，卽可起而代握政權，變而爲在位黨。蓋一黨之精神才力，必有缺乏之時，而世界狀態，變遷無常，不能以一種政策永久不變：必須兩黨在位在野互相替代，國家之政治方能日有進步。一黨新得國民信仰，起而在位，以一番朝氣而促政治上之改良，其所收得之功效，各國均有確據。今日講到民權更不能不要政黨，無政黨則政治必愈形退步，將呈江河日下之觀，流弊所及，恐不能保守共和制度。」

二

這一段話，講得十分深切著明，眞是「天下爲公」的襟懷。而且，孫中山先生也料想到，有了政黨，一定會有政爭，說是競爭也好，鬥爭也好，總是難免。他的見解，也很高明。他在同一次演講中說：「至於黨爭亦非不美之事，旣有黨不能無爭。但黨爭須在政見上爭，不可在意見上爭。爭而出於正當，可以福國利民，爭而出於不正當，則遺禍無窮。兩黨之爭，如下棋然。譬如二人對奕，旁觀者分爲兩組，按照着棋一定之規則，各相照護，不用詭謀以求自己之勝利，祇以正大之方法相對待。假使手段不高，眼光不大，以致失敗，敗而出於正當，則勝者固十分滿足，敗者亦甘心不悔。卽旁觀照護之人，初助此方，繼助彼方，亦未爲不可，祇須用正當之方法，不用詭謀。政黨亦然，他黨之宗旨，與自己之宗旨不相符合，因而不贊成他黨，一心護持本黨，求本黨之勝利。其求勝利之方法，須依一定之法則，不用奸謀詭計，是之謂黨德。如但求本黨之勝利，不惜用卑劣行爲，不正當手段，讒害異黨，以弱本黨之敵，此種政黨，絕無黨德，無黨德之政黨，聲譽必墮地以盡，國民必不能信任其政策，何能望其長久存在呢！」

現在我用中山先生在民國二年講的這個道理來評鑑今天世界各國的政治發展，看他講的是否正確。請以最近半年五個國家所舉辦的五次重大的選舉來作證。

三

最先是去年十月西德的選舉，西德現在有十二個政黨，其中四個主要政黨分爲兩個陣營互相競爭，一個是由現在執政的斯密特所領導的基督教民主黨集團，另外一個是由史特勞斯所領導的社會民主黨聯盟。雙方的競爭可以說是勢均力敵，但斯密特棋高一着，因此，在朝黨仍繼續掌握政權。至於其他八個小黨，對大黨尚不構成威脅。

第二個是美國十一月的大選。大家都知道那是共和與民主兩黨競爭的天下，但如果我們查一下美國一九七六年大選的紀錄（卡特當選的那一次），在全國五十個州選舉票上列有總統候選人的有三個黨，除了共和、民主二黨之外，還有自由黨，其他未在五十州，僅在某一州或數州選舉票上列有總統候選人的，居然也有小黨十一個之多。因此，可以說美國是有十四個黨的政黨政治。

第三個是我們中華民國十二月份的選舉。那時李幼椿先生正好回臺，青年黨和民社黨的政治興趣也被鼓舞起來參加競選，結果還是執政的國民黨佔了大部分的勝利。這表示一個大黨有深厚的潛力，不必怕幾個小黨。

第四個是新加坡的大選，也是在十二月舉辦的，李光耀領導的人民行動黨，自戰後獨立以來，一直就掌握政權，但是新加坡現在仍有八個政黨。人民行動黨雖是一黨獨大，但其他七個小黨在選舉人票中也佔了百分之三十，可是對大黨並不構成威脅。

四

第五個選舉是我印象最深刻的，就是南韓今年二月舉行的總統選舉人大選。以全斗煥那樣用革命手段取得政權，把憲法廢止，把國會解散了，把政黨也全解散了，他大可以獨斷獨行。可是不然，韓國的新憲法已經頒佈施行，黨禁也已解除。現在向韓國中央選舉委員會登記成立的新政黨，共有十七個之多，不但以前的政黨都紛紛復活，還有人另組新黨。這次共有四個政黨提出候選人，全斗煥的民主正義黨得票最多，其他三黨也得了相當多的選票，而其餘十三個小黨，我看將來選舉國會議員的時候，都會參加，提出國會議員候選人與全斗煥的民主正義黨爭衡一下。

從以上五個國家所辦選舉看來，第一、可見多黨選舉或政黨政治乃是世界的潮流，不僅孫中山先生民初的看法早已如此，現在證以各國的選舉，我國更應該對它抱有信心。

第二、事實也說明，一個國家政黨雖多，但是，祇要在朝黨做得好，它總是佔便宜的，不必怕會失掉政權。而因有他黨與它競爭，它而且不致退化。所以我們的執政黨膽子應該放大一點，信心應該增加一點，開始走正常的政黨政治的路。

第三、五個國家大選的結果，祇有一個例外，便是美國執政的民主黨失敗了，共和黨上臺。

我覺得這正可以證明政黨政治的奇妙作用。因為假使卡特繼續當選，以他的懦弱、短視和無能，我看四年之內恐怕要發生世界大戰。因為在他領導之下，蘇聯一定是步步進逼，到了美國民衆忍無可忍的時候，那祇有打仗，即使卡特不想打，也得打起來。幸而美國有政黨政治，像孫中山先生所說，可以交替執政，因此救了美國，也救了自由世界。假使美國是一黨專政，卡特一定繼續做總統，則盲人騎瞎馬，非把美國和世界弄垮不可。

五

最近我寫了兩首歌謠，以期奉勸在朝的和在野的多種善因。原文如下：

在朝當思在野日，
早種善因待善果。
在朝如果種惡因，
怨怨相報無已時。
盈虛損益是天理，
在野也有在朝時。
人民眼睛最明亮，
善因方能有善果。

所謂「在朝當思在野日」，是說在朝的人應該想到將來在野的時候而有所警惕。我們不要認爲國民黨不會在野，目前國民黨在若干縣市已經是在野了，因爲臺中市、高雄縣和臺南市的行政首長都不是國民黨人，所以它已在野了。因此它必須「早種善因待善果」，要早一點把好因種在整個國內，做大家的模範，方可望他人將來也會對它好待。「在朝如果種惡因，怨怨相報無已時。」假使在朝時種下惡因，將來對方必然是以怨報怨，怨怨相報。

對於在野的人，我說：「盈虛損益是天理」，有盈總會有虛，有損也會有益，不是一成不變，這是天理。一個黨在朝太久，恐怕天和老百姓都會討厭它，於是「在野也有在朝時」。而且「人民眼睛最明亮，善因方能有善果」。在野的人如想將來在朝，必須提出最好的政見和最好的候選人，以供選民比較和選擇。將來取得政權後，更須好好的做，以保持人民對他們的信仰和信任，而人民也一定會給以善報。

這樣，朝野雙方，懍於勢均力敵，相制相衡，而且善因善果，報應不爽，於是自然能夠自律自制，適可而止，則氣氛自然祥和，政局自然安定。所以政黨政治乃是理性的、寬容的、和平的、民主的和公道的政治。

六

至於如何促進「政黨政治」？我建議國民黨這次三月二十九日第十二屆全代會能夠決定在兩

年之內制定一個「政黨法」，好讓人民依法組織政黨。現有的三個政黨：國民黨、青年黨和民社黨早已獲得合法的地位，但新的政黨必須依法取得地位，方可活動。我現在對政黨法應有的規定，略舉幾個要點：

第一、申請組織政黨的人數，我建議兩點：㈠要有九萬人的聯名請求，即相當於臺灣一千八百萬人口的百分之〇・五，方可申請組織政黨。㈡上次立法委員或國大代表普選投票時的同類候選人或當選人聯合起來得到三十萬票的（約當於六百萬投票選民的百分之五），也可聯合申請組織政黨。

三十萬選票比九萬人簽名要多得多，這是因為九萬人聯名請求組織政黨，是很明白的表示他們需要政黨，而在選舉時投票的人，雖然也表示支持那些候選人，但未必一定是支持他們組織政黨，所以人數應該增多。這兩種人數是否太多呢？但是國民黨現有一百七十萬黨員，比較起來，九萬或三十萬的數額就不太多了。

第二、新黨在申請時必須公開聲明服從中華民國憲法。這是保障國家安定和安全所必要的。

第三、政黨組織核准或宣告解散的權力機關，擬以中央選舉委員會充任，由它審查是否應准設立。他日政黨如果不遵守中華民國憲法或觸犯刑法情節重大時，政府應有權把它解散，也由中央選舉委員會負責處理。

第四、對於中央選舉委員會的裁決應有救濟辦法。我主張不准組織政黨的人或被宣告解散的政黨，如果不服，可向最高法院依法提起訴訟，請求作最後裁判。但中央選舉委員會的組織尚應更求民主化。

至於定在兩年之內制定政黨法，乃是想使政府、國民黨和在野人士都能有充分的準備：心理的和程序的準備。這是百年大計，希望大家不要操之過急，但也不可趑趄不前。民主萬歲！國家幸甚！

七十年二月十七日

八十年代民主政治的發展方向

八十年代未來的數年中，將是我國經濟趨向更工業化，社會趨向更多元化，政治趨向更民主化的關鍵時刻。這是朝野各界必須用心探討的嚴肅課題。而在迎接這些變化和挑戰的過程中，政府，尤其是執政的國民黨，在政策的制定和實行上，更具有絕大的影響。衆所周知，國民黨是當今我國政治發展的主導力量，肩負反共復國與實行民主憲政的雙重責任，國民黨的進步與改革是全國人民所殷切期待的。另一方面，在野政治力量的形成，乃多元化社會自然演變的結果；執政黨如何對待在野政治力量，與八十年代民主政治發展的關係極爲密切。因此在國民黨召開十二全大會的前夕，我們特別舉辦座談會，邀請專家學者及政界人士，共同討論這個問題。

時間：民國七十年二月十八日下午

地點：臺北市太平洋國際商業聯誼社

主持：康寧祥　司馬文武

出席：黃越欽　關　中　陶百川　黃順與　荆知仁　楊國樞　江炳倫　李公權　吳豐山

李鴻禧　尤　清　鍾榮吉　謝漢儒　張德銘　林山田　費希平　吳　梓　張忠棟

胡佛　沈君山　沈雲龍　任德厚　黃煌雄

第一次發言

在我發言前，對於今天的座談會我提出一點小小的感觸。記得差不多十年以前，康委員和幾位黨外的朋友曾經邀我參加一個座談會。過了兩天，我的寒舍來了不少我的同事、我的同志、我的同鄉，紛紛勸我不要參加那個座談會。到最後我要動身的前一兩個鐘點，有兩位我的選區上海市議會助選的朋友，坐在我家裏，硬是不肯走。所以很抱歉，我那次眞的是身不由己，不能參加。

現在這一次，康委員以及《八十年代》的朋友，又要我參加今天的座談會，我就想到十年以前那次痛苦的經驗。但是我沒有擔心，因爲時代已經進步了。我的同志、我的同事、我的同鄉也都進步了。不過，我還是有點顧慮，但到現在爲止，我很高興的報告各位：沒有人來勸阻我！這是非常可喜的現象。

同時，康委員、司馬文武先生以及《八十年代》，我覺得也進步了。《八十年代》以前的《臺灣政論》，《八十年代》以後的《亞洲人》，我想就沒有今天這樣的氣度。那時候我就沒有被邀請參加甚麼座談，或者參加甚麼筆談，甚至我們也沒有甚麼來往。《八十年代》也好、《臺灣政論》也好、《亞洲人》也好，門是開得很窄，路也很小。像今天這種座談，在座有些是政治上相當敏感的人物，大家共聚一堂，而不是以一種小器的態度來參加。因此，我覺得《八十年代》也進步了。

康委員希望這種聚會能夠繼續進行，我也很盼望。因爲現在時代固然進步了，老實說，我們國家的處境確實更困難。所以我們今天在這一個地方，大家應該更加溝通，更加團結。今天是一個非常好的開始。

第二次發言

主席、各位先生：第二個題目我覺得很有意思。但是爲了節省時間：我帶了一份「夾帶」。它就是中國國民黨的總理——孫中山先生在民國二年所發表的關於政黨政治的話。

昨天我參加了一個座談會，其中一個題目是「國民黨如何促進正常的政黨政治」，我當時就選了這個題目發表了個人的一點淺見。我爲了尋找政黨政治的理論基礎，特別是我要向我的黨同志提議，促進政黨政治，不能不有很堅強的論據。非常幸運的，我發現國父在民國二年，說了許多有關政黨政治的話。

我想，假設今天要答覆《八十年代》所提的第二個題目裏面的四個子題，最好是引用孫中山先生的一段話。這四個題目，他老人家都已經給了一點指示，我不能像他說的那麼好，而且也沒有甚麼可以補充的。因此，我想把這一份帶來的夾帶提出來，讀一遍供各位參考。

這是民國二年的一篇演說，它的題目是「政黨之要義在爲國家造幸福爲人民謀樂利」，是民國二年三月一日在國民黨東京支部、共和黨東京支部、廣東同鄉會聯合歡迎會演講，中間有一段是這樣的：

「橫覽全球，無論爲民主共和國，爲君主立憲國，莫不有政黨。黨之用意，彼此助政治之發達，兩黨互相進退，得國民贊成多數者爲在位黨，起而掌握政治之權。國民贊成少數者爲在野黨，居於監督之地位，研究政治之適當與否。凡一黨秉政，不能事事皆臻完善，必有在野黨從旁觀察以監督其舉動，可以隨時指明。國民見在位黨之政策不利於國家，必思有以改絃更張，因而贊成在野黨之政策者必居多數。在野黨得多數國民之信仰，卽可起而代握政權，變而爲在位黨。蓋一黨之精神才力，必有缺乏之時；而世界狀態，變遷無常，不能以一種政策永久不變；必須兩黨在位在野互相替代，國家之政治方能日有進步。一黨新得國民信仰，起而在位，以一番朝氣而促政治上之改良，其所收得之功效，各國均有確據。今日講到民權更不能不要政黨，無政黨則政治必愈形退步，將呈江河日下之觀；流弊所及，恐不能保守共和制度。」

他同時還有一段話，也是在同一次的講話，我覺得也很重要，尤其是在今天政府還沒有放心和放手，讓人組織新黨的時候，特別對有志於政治活動的人，我要喚起大家的注意。這一段就是論及黨爭， 中山先生的氣魄非常大，他說：

「至於黨爭亦非不美之事，既有黨不能無爭。但黨爭須在政見上爭，不可在意見上爭。爭而出於正當，可以福民利國；爭而出於不正當，則遺禍無窮。兩黨之爭，如下棋然。譬如二人對奕，旁觀者分爲兩組，按照着棋一定之規則，各相照護，不用詭謀以求自己之勝利，祇以正大之方法相對待；假使手段不高，眼光不大，以致失敗；敗而出於正當，則勝者固十分滿足，敗者亦甘心不悔。卽旁觀照護之人，初助此方，繼助彼方，亦未爲不可，祇須用正當之方法，不用詭謀。政黨亦然，他黨之宗旨與自己之宗旨不相符合，因而不贊成他黨，一心護持本黨，求本黨之勝利。其求勝利之方法，須依一定之法則，不用奸謀詭計，是之謂黨德。如但求本黨之勝利，不惜用卑劣行爲，不正當手段，讒害異黨，以弱本黨之敵，此種政黨，絕無黨德。無黨德之政黨，聲譽必墜地以盡，國民必不能信任其政策，何能望其長久存在呢？」

孫中山先生這段話，實在是非常的深切著明。而證以他後來那樣的天下爲公，實在是非常的眞誠。現在也有人提到這是　中山先生或國民黨早年的想法，後來，國民黨提倡軍政時期和訓政時期，然後才有憲政時期，似乎與上述想法背道而馳。但那時軍閥割據，民智未開，社會也沒有很大的組織力量，所以國民黨不得不以軍政時期消滅軍閥，然後繼之以訓政時期來開展民智。

但是有一點我要強調，孫中山先生所主張的訓政時期，是有時間限制的；訓政時期祇六年，所以後來國民黨北伐完成以後，就在民國十八年宣佈軍政時期結束，訓政時期開始；並在宣告訓政時期開始的時候，同時宣告訓政時期以六年爲限，從民國十八年開始到二十四年爲止。所以國民黨從開始一直就沒有把持政權，不實行民主憲政的意思。大家對此都很信任，這也就是爲甚麼當時像我這樣富於民主思想的年輕人和知識分子願意參加國民黨的緣故。

後來到民國二十四年，我們現在的憲法，已經起草完畢，而且公布全國，希望大家共同來研究它，提供意見，並且明文規定要在民國二十六年依照憲草由全民選舉國民大會代表，制定憲法，實施憲政。假如沒有二十六年的對日抗戰，國民黨的訓政那時就已結束了，而憲政就已開始了。但是國民黨還是在抗戰開始的第二年——二十七年，就臨時召集了國民參政會，作爲民意機關。本來共產黨是一個非法的政黨，青年黨和民社黨也是非法，但是在抗戰一開始，在國民參政會召集之前，國民政府明白的以正式文件，承認它們的合法地位。

這三黨，還有別的小黨派，那時都公開了，都參加了政治活動，也都成爲參政會的構成分子。在第一屆的參政會，共產黨、青年黨和民社黨各有七個代表，共產黨的代表中也包含毛澤東。我那時也是參政會的一員，所以很能體會國民黨政府不能召集正式國民大會來公布憲法而以參政會來代替作爲民意機關的苦心孤詣。同時參政會也接受了抗戰建國綱領，做爲那時的施政方針，以共赴國難。

等到抗戰一結束，國民政府立卽舉行政治協商會議，修改憲法草案。因爲那時的憲法草案，祇是政府以及國民黨的憲法草案，有了參政會之後，各黨各派都參與國事，憲法那麼重要的基本大法，政府當然就請他們推派代表來修改憲法草案。共產黨也派人參加，並表同意。後來國民黨雖有人認爲不能接受，但是先總統蔣公竭力主張非維持各黨各派所共同協議的憲法草案不可。於是經過小小的修改，就成爲現在的這部憲法。但是共產黨不懷好意，拒絕參加制憲國民大會，以致民主遭遇很大的挫折。

因此，以國民黨這樣的傳統，從孫中山先生開始，一直到蔣先生，始終維持這一番對民主政治的信心和作法，如果國民黨和政府有一天突然宣佈要恢復並擴大政黨政治，我將毫不驚奇。因爲這正是國民黨的傳統精神。

拔除選舉兩個病根

——政黨政治與派系和賄賂

本文緣起

去年《聯合報》曾爲增額中央民意代表的選舉，辦過一次「選舉精言」徵文，我爲表示支持，不揣冒昧，前去應徵，並獲錄取。今年它又爲地方選舉辦精言徵文。它在啓事中指出：「依據過去的經驗，影響選舉品質的兩個最大因素是『金錢』與『派系』，地方選舉受這兩個因素的影響尤其嚴重。

「競選經費增加，賄選不能消除，此不僅敗壞選風，亦將汚染政風，實在是此風不可長。

「至於派系盤據地方，祇認甚麼派系，而不問賢與不肖，更是妨害政治進步的一大障礙。

「大家都希望辦好選舉，在目前階段，要辦好選舉，似應以節制競選經費與消弭派系干擾爲基本條件。因此，希望讀者踴躍賜稿，爲端正選舉風氣，維護民主尊嚴，共同鼓吹。」

這次我仍本素願，寄文應徵，但未獲錄取。

「選舉精言」應徵文

黨外有黨，派系難成；

多黨競選，賄賂不行。

（說明）「人是政治的動物」，又有合羣的需求，如果黨外不准組黨，則同聲相應，同氣相求，他們自然而然的會形成派系，以滿足各人的政治需要。反之，如果准許組織政黨，則它較派系能夠發生更大的力量，人們自必樂於組黨而不搞派系，於是派系就難成了。

同時，政黨如果可以公開活動和提名競選，則它們便能提出高明的政見並以集體的力量向選民爭取選票，而不必乞靈於賄選。

而且政黨爲保持團體的榮譽和維持永久的生命，以獲得選民的信仰，必能監督黨員作光明正大的活動，自必不許他們賄選或搞派系，以免禍延全黨。

同時，如有兩黨以上參加競選，它們自會彼此監察和制衡，則萬目所視，任何方面都不敢從事賄選，於是賄選便不行了。

政黨政治或多黨競選，迄今還很敏感，但這是國家長治久安之道，我國終須走這大路。而政府和執政黨爲了辦好選舉，以鞏固民主基礎，尤當及時放鬆「黨禁」，昭示「三公」。

趁這選舉季節文網較疏的機會，我乃稍做一點「機會教育」，提出這兩句「精言」，以期拔除選舉的兩種病根——派系和賄選。志士仁人其勉之哉！

七十年十月五日

溝通的兩條管道和技巧

今天，我沒有準備說話，現在尚在惡補還沒有補好，不過方才民社黨的朋友說了，青年黨的朋友也說了，身爲國民黨，就不能不說了（笑聲）。因爲惡補還沒有補好，所以也許有些支離破碎、辭不達意的地方，還請各位多多原諒。不過有一點要想要請教主席，我是想把今天黃河雜誌社所提的五個問題多少都發表一下意見，所以假定十五分鐘不夠，是不是請我的兩位老弟，吳豐山先生、李子弋先生借我幾分鐘，可以不可以（大夥鼓掌同意）？

首先談「溝通」兩字，我覺得這個名詞非常好，溝是溝渠，通是暢通，所以「政治溝通」就是把政治的溝要開通。溝本來很多，但政治的溝最重要，因爲「政」是「衆人之事」，「治」是「管理」，這是孫中山先生的定義。「管理衆人之事就是政治」。「管理衆人之事」不比管理一個家庭，家庭是少數人的，當家的人他可以負起完全的責任來，這個家的興或敗，與衆人無關，祇是他一家的問題，別人可以不管，他也不必徵求別人的意見。衆人之事就不同了。衆人之事如以臺灣來說，是一千七百萬人的問題，就中國來說是九億五千萬人的問題，這就非同小可。你要把這個一千七百萬人到九億五千萬人的問題來管理，你能不徵求大家的意思嗎？你能不徵求大家的同意嗎？徵求的方式就靠管道和溝通。這溝假如阻塞了，當家的人就變成孤家寡人了，他就脫離了羣衆，他就脫離了衆人，他的耳目也許不夠聰明了，他的想法也許錯誤了，那麼他的所做所爲就得不到衆人的了解與支持，這衆人之事就沒有法子管理得好。把衆人之事管理的恰到好處，能夠得到衆人的支持，那就首先要溝通管道，使上下可以交流，能夠互助。

其次要談「政治溝通」的形式與技巧。我提出兩種形式，第一種形式是意見的溝通，第二種形式是人事的溝通。意見的溝通要靠言論和文字，人事的溝通要靠考試和選舉。說到技巧，我們過去對於文字言論管道的管理，技巧顯然太拙劣，以致常常發生不必要的糾紛。至於考試，我很滿意，自由中國可以獨步天下。但選舉則我們的經驗不夠，更當講究技巧。

說到「技巧」，我以爲意見管道的溝通就是要執行出版法，而不要引用戒嚴法。出版法應該是言論文字的管道的淸潔劑。假定政府照出版法做，同時言論文字也照出版法做，這個管道就能比較的暢通了，衝突與對立就可以減少了。

我覺得政治上的衝突是難免的，因爲那麼大的場合中，人心不同各如其面，意見不同、立場不同、利害不同，怎能免於衝突呢？對立也是難免的，要緊的是民間與政府都要想法子講原則，講技巧，使衝突能夠緩和，對立能慢慢走中和的道路，不要把鴻溝弄的太寬太大。

我在來此之前，有一個人打電話給我，說他一本書出版幾天就被禁止了。因此引起我今天要來談意見溝通與出版法的問題。

出版法對言論文字的取締，大致分幾種程序：警告、罰款、沒入、勒令停刊、撤銷登記。其中警告當然是其中最輕微的，但也有一定的條件，不可亂警告！因爲警告雖輕，但要曉得連續警告三次就可以停刊，因此警告就變得也很嚴重了。

查出版法第三十七條，說出版品違反第三十二條第三款，就是煽動他人褻瀆祀典或妨害風化，可以警告，還有第三十三條的規定，就是評論沒有確定的訴訟案子，或報導不公開的訴訟辯論，也可警告。

照出版法可以警告的行爲，就是這兩種，假定執法機關嚴守範圍，則警告就不會也不應太多了（這時趙守博先生表示，還有戒嚴法的規定。另有其他一位徐教授也表示尚有戒嚴法的規定）。

我是在講技巧，也在講原則，我希望要照出版法來辦。因爲照出版法來辦，已經可以保障國家的安全，已經可以保障社會的安寧，不必也不可乞靈於其他法令。

或者有人要說：「特別法優於普通法」，而出版法是普通法，戒嚴法是特別法，所以政府優先適用戒嚴法以管理出版品。但也有人以爲出版法乃是專管出版品的特別法，應該先適用。這且不問，爲講求技巧，我以爲可依「臺灣地區戒嚴時期軍法機關自行審判後交法院審判案件劃分辦法」（縮小軍法審判的管轄範圍，將許多本可由軍法機關審判的案件改由法院審判），而將出版品的管理完全交還給行政機關和法院去辦，那就可望「名正言順」和「政通人和」了。

此外，如依出版法去辦，方才所說被禁止的那本書，也許可以修改或刪去一些內容而重准發行，不像現在那樣不得翻身。因爲出版法第三十九條第二項規定：「依前項規定扣押之出版品，如經發行人之請求得於刪除禁載（部分）或禁令解除時返還之。」那時當然可以恢復發行。這樣公私兼顧，豈不美哉！

關於出版法，我就強調這幾點。關於選舉和人事的管道的暢通，我主張要更合理的制訂選舉罷免法。先讓大家充分討論，做到今天這裏一個題目所謂「異中求同」，使大家口服心服。將來照着這樣的選舉罷免法來辦選舉，我想應該被取締的受到了取締，也可沒有話說。

我們現在眞是內憂外患，我最近在美國尤其能體會得到。而安內方能攘外，祇有暢通政治的意見管道和人事管道，方能羣策羣力，共抒困難。

六十八年九月二十二日

執政黨怎樣做好溝通工作？

一、我國執政黨與在野黨各有何種優點和缺點？欲求其意見溝通，應在何處着手做起？

答：你所問的「在野黨」，想必是指青年黨和民社黨而言。它們與執政黨乃是友黨，向有溝通意見的機會，今後將更會合作。

二、我國民主政治的發展，至今仍未臻理想境界，執政黨與黨外人士應如何協調？如何配合？以求政治的完善？

答：面對內憂外患，黨內黨外必須加強協調和配合。現在政府、黨部和社會人士以及你所說的「黨外人士」都感覺有這需要。十一月第二次國建會的舉行，目的也在集思廣益，協調配合。

三、黨外人士常爲反對而反對的提出反對意見，意圖鼓動民衆，製造糾紛，你的看法如何？你認爲有何對策可以平息此類事件？

答：那些相反意見，如果不觸犯法律，政府應該寬容和檢討。寬容則不致杜絕忠諫之路，使民意能夠表達，過失能夠上聞；檢討則可促起反省和改善。如果出於誤會，應該加以解釋，如果觸犯法律，自可繩之以法。

四、黨內外政治溝通是這次國建會的重心，近日許多專家學者提出不少反面的意見，你認為應如何針對這些意見進行研討？

答：如果以政治溝通為重心，自應優先邀請對政治有不同意見或對政府有誤會的人去參加，以期異中求同，化戾為祥。

六十八年十月十一日

黨是幕後英雄抑或臺上主角？

顏文門專訪

黨務工作和行政工作重疊，混淆不清的情形日益嚴重，往往是行政機關做的事，黨務機關也揷手去做，二中全會中政大教授李鍾桂便批評這種情形無異黨務機關與行政機關爭功，確有值得檢討之處。臺北市長林洋港也很「含蓄」地說：黨務工作不要「貪多」，比如集團結婚、代書等工作大可不必勞駕黨務機關去做。

政黨的目的就是要透過從政黨員實現黨的政綱、政策，而不是樣樣工作都假手黨務機關或黨務人員去做，不然，從政黨員及行政機關容易受到牽制，而無法發揮功能。比如說，住者有其屋是執政黨的社會福利政策之一，爲了實現這一個政策，黨的責任應該是遴選適當人才使其從政，在行政機關主持及推動這個工作，如果做得不好，無法達到黨的要求，便另派賢能者取代，以貫徹黨的政策，而不是由黨務機關自己來完成國民住宅的興建。

黨務工作如同時鐘的發條一樣，它是時鐘動的原動力，至於行政機關如同時鐘上的長針、短針，實際從事報時的工作。

政黨性質大略可分爲兩種，一是英美式的政黨組織，主要任務在發展組織及健全組織，另一是以黨領政，不但管黨員，而且管政策。

以美國政黨爲例，其政黨主要工作在吸收黨員，服務社會，籌措經費，至於政策的制定，以及對政府的監督，則由從事行政工作的黨員及擔任議員的黨員去負責，政黨是不加干預的。

中國國民黨是一個革命民主政黨，兼具革命與民主兩種性質，以黨領政，既管政策，也管黨員，這種性質在早期的國民黨較爲顯著，當時黨的中央由黨的元老主持，成立政治會議管政策，並設監察委員會管黨員，以及審核政府的政績，因此，黨對政府有很大的拘束力量。

一位知名的政治學者陶百川先生認爲，隨着時代潮流的推進，中國國民黨宜逐漸步向英美式的政黨方向，不要以黨治國，以黨領政。黨部主要的任務應該是吸收黨員，訓練黨的幹部，籌募經費，發展黨務，健全黨的組織，另一方面服務社會，擴大黨的基礎，支持優秀黨員競選公職，達到掌握政權的目的。

至於政策的擬定，這位學者認爲，應由總統、行政院和立法院共同來負責，而執政黨仍可透過從政黨員的總統、行政首長及立法委員實現黨的政綱、政策。尤其執政黨在立法院佔多數，行政院由執政黨從政黨員組閣，執政黨主席蔣經國先生即將競選第六任總統，因此，由總統、行政院及立法院共同制定政策，在實際運作上頗有可取之處。

中國國民黨中央常會爲黨的最高權力機構，目前中央常務委員成員主要分爲二種：一是黨國元老，二是從政的重要行政首長，前述那位政治學者認爲，爲了增加立法院參與政策的分量，宜酌增若干立法委員擔任中常委，使得總統、行政院和立法院在制定政策方面有溝通的機會，政策也更易於執行和貫徹。

在地方黨部方面，黨務人員過分牽制民選的地方政府首長和民意代表似有不妥。雖然黨籍地方行政首長和民意代表競選時需要靠黨的提名和支持，但是最後「裁判」民選首長和民意代表的是老百姓，如果民選的地方首長和民意代表處處受制於地方黨部而無法放手爲民服務，那會影響老百姓觀感，連帶的在選舉中也必感吃力。

黨務人員應有一基本認識，那就是黨的利益與人民的利益一致，黨不要去牽制民選首長和民意代表，讓他們多爲選民服務，這樣做不僅是爲黨求發展，而且是爲國打基礎，黨部自應支持。

黨務工作和行政工作畫分不夠明晰，引起種種不良副作用，久爲有識之士所關切，這次執政黨二中全會中，與會人員坦率地檢討這個缺失，希望能徹底矯正過來，使執政黨成爲推動進步的「幕後英雄」，而不是在臺上「表演」的角色。

一位傑出的黨外女議員

在黨外省議員中，我認識最早和相知較深的，就是本書的作者余陳月瑛女士。那須上溯到民國六十二年，那時我尚任監察委員。她為她的公公余登發先生的訟案，經吳三連先生介紹，請我為他「平反」。我看了全案資料極願幫他免於牢獄之災。可是在我開始處理時，他就被捕下獄，而我也便無能為力了。

我對余陳議員的孝思和勇氣，從此留下深刻的印象。

六十六年，我從美國回臺，力辭監委職務。聽說余陳議員曾想在省議會提案請求中央對我慰留，後因有人勸阻，該案並未提出。但是如果她是監委，如果她提了該案，如果它經監察院院會通過，則我可能打消辭意，繼續留任。這樣顯然非我所願，但卻可見她的卓識和熱忱，令我起敬生佩。

我與林洋港先生素不相識，但年來對他卻有一分美感，而它乃種因於余陳議員與我的一些閒談。在我發表「議會政治與林洋港模式」後，她來要我為她這本新著寫序，我再問她對於林主席的印象，她說：「的確很好。不會使你失望。」我曾說過，作為一個民意代表，抨擊官員不需要多大勇氣，而以一個黨外議員讚揚執政黨的官員，不爲反對而反對，則所需的勇氣，不是人人所能具備的，但它卻是政黨政治生存的一個要素。余陳議員有這勇氣和正義感，實在很可欽佩。

這本新著，我沒有時間先睹爲快。基於我對它的作者的了解，我相信它看事會很眞切，敍事會很平實，論事會很公正，則它便是一本好書了。所以我不理會先賢顧亭林的「人之患在好爲人序」的遺誡，而樂於爲它寫這小序。

選舉要選賢與能，講信修睦，而現去理想尚遠，怎樣補偏救弊？

我對選舉的三點關懷

《關懷》雜誌的創辦人周代表清玉女士，知道我一向對選舉很關懷，邀我替她寫一短文。我現在回想過去，展望將來，寫出我對選舉的三點關懷。

一

遠在民國五十六年，監察院監察委員丘念台先生逝世，我提案請求政府准許臺灣省議會補選一人。但當局認爲他六年的任期已滿，不准補選。我同時鑒於臺灣地區的中央民意代表爲數過少，建議政府應予增補。

民國五十八年，政府辦了中央民意代表的增補選，但是人數祇有二十六人，顯然太少。我乃呼籲再辦一次增選，並且主張增選人數擴充爲立法委員一百五十人，監察委員三十人。六十二年政府再辦增選時，名額擴充爲國民大會代表五十三人，立法委員五十一人，監察委員十五人。但我認爲還是嫌少而繼續呼號。

六十七年的增額中央民意代表選舉，因爲中美斷交而暫停，我認爲無此必要，主張在兩個月內恢復選舉。

六十九年選舉恢復，名額也有增加。我對這方面的關懷從此告一段落了。

二

但新問題繼續發現，其中最大的一個，是選舉的公道問題。

我國歷來的選舉，競選的人，一個對一個，有力出力，唯力是視，未始不公平。投票所和開票所，自始至終，都有監察員在場監視投票、唱票和計票，「十目所視」，未始不公開。來一人投一票，有一票算一票，未始不公正。所以臺灣的選舉，比較他國，並不遜色，更遠好於大陸時代。

但是那究竟是小傢伙和大力士在比賽拳擊。因爲大部分候選人是我們執政黨的代表，在它輔選之下，一切都佔優勢。而那些屬於小傢伙型的候選人，猶如一盤散沙，既無組織作後盾，而且連父子兄弟夫婦，如非取得助選員資格，也不准爲他助選，這樣就不公道了。我那時曾寫〈現階段選舉的特性及其立法問題〉，呼籲政府應准無黨籍候選人聯合競選和聯合監察。前者是准候選人聯合設置競選辦事處，聯合聘雇助選員；後者是准候選人聯合提出監察員，准他們指定投票所和開票所去監察投票、開票、唱票和計票。

這個建議的精神，在這次省市議員和縣市長的選舉中，已經表現了一部分。因爲無黨籍的候選人，已可聯合起來共同推介候選人和提出共同政見，並有一部分中央民意代表聯合起來爲他們輔選。

鑒於現在國步日益艱難，政府更有賴於人民的愛戴，國事更有需於大家來參與，而惟有加強民主的運作，方能衆擎易舉，衆志成城。落實到選舉這一層面，我希望執政黨能夠繼續恢宏器度，發揚公道。我欣聞蔣主席經國先生本月十八日在中央常會聽取選舉報告後的講話：「種種事實，顯示出更大的意義，那就是我們國民大衆的民主政治素養已漸成熟，也指出了我們唯有邁開更爲堅強的腳步，繼續貫徹現代化民主政治的目標，才是我們的康莊大道。」我以爲這條大道，就是公道。

三

最後，我更須指出，我現在所關懷的，也是朝野上下多已感覺的，乃是金錢對於選舉的操縱和汚染。前者是指競選經費花費過大，已非一般候選人所能負擔；後者是指買賣選票，已到公然和普遍的程度，而且選監人員視而不見，聽而不聞。這樣下去，賢能卻步，壞人當道，不獨人民不能受益，國家且將受害。

關於金錢對選舉的操縱，我曾大聲疾呼，現更切望在選罷法中規定競選經費的最高額，候選人必須把它詳細登記於帳册，在選舉後十日內呈送當選地選舉委員會備查，並准選民閱覽。如果發現違法情事，選民可向選舉委員會檢舉，而由該會或法院依法處理。

關於賄選，選罷法和刑法已有取締規定，處罰雖不很重，但主管機關如能勤查速辦，懲一儆百，賄風就能戢止。至於賄選可否撤銷候選人的資格（包括當選資格），以選罷法那樣動輒可以撤銷資格，賄選當然應在其列，修法增訂，自不待言。但關鍵是在執法人員能否負責和盡職。

七十年十一月二十三日

「選舉精言」五則

《聯合報》最近徵求「選舉精言」和「選舉經文」，我很欣賞。爲表示支持和鼓勵，我寫了四則「精言」和一篇短文去應徵。現在加以補充和說明。

精言第一則是「辦好選舉，方有民主；辦得不好，政治糟糕」。在四則中，我最喜歡這一則。

「民主」的精義是「人民作主」或「主權在民」。可是人民不便直接管理國事，於是選舉代表代爲管理，而且定期改選，以尊重和反映民意。如果根本不辦選舉，或雖辦而爲官吏所控制，或爲金錢所腐化，或爲暴力所刼持，則民權旁落，民意扭曲，於是政治也就糟糕了。

精言的第二則，是「國家有四治：民治、政治、法治、禮治；選舉有四公：公開、公平、公正、公道」。

上面的「政治」，我的原意，乃是「政黨政治」，所以可作「黨治」。因爲人民不能直接處理國事，於是政見相同的人乃結爲政黨，以反映和執行民意。但因人心不同，利害不一，一國不應祇有一黨，於是乃有兩個以上的政黨，使人民有選擇的餘地。而且惟有兩個以上的政黨互相監視和競爭，以待人民的選擇，執政黨方能日進無疆，而政治也從而清明和健全。英美德法和日本的政黨政治，便是明證和保證。

至於「三公」之外，我所以再加上一公——「公道」，乃是為三公畫龍點睛。因為選舉的作用和目的，無非是選賢能而除不肖，而這就是公道。那些公開、公平和公正的精神和做法，都衹是為了伸張公道。公道如果不張，卽使做到三公，選舉也難以說是成功，而須另想原因和方法了。

我的第三則「精言」，是「崇法反暴，選賢與能」。第四則是「選賢而不選錢，守法尙須守禮」。

這次選舉立法，對競選行動和暴行預防及其懲罰，訂得非常詳備，我以為有點過分。但對競選經費的限制，本來已經有了的規定，也被行政院和立法院廢棄，以致捐款數額和使用限制及其帳目報銷和公開展示，沒有一點規定，於是富有的候選人，自可長袖善舞，無所顧忌，而清寒的人祇有望票興嘆了。

在這四則之外，我現在要加上第五則：「辦好選舉委員會，就能辦好選舉。」選委會不僅是最高選舉行政機關，也是監察機關，大權在握，可以為所欲為，乃是選舉成敗的關鍵。

此中關鍵的關鍵，則是它的成員和組織。美國的制度，是由總統和參衆兩院各出委員兩人，合爲六人，兩黨都不得多於三人。南韓一向由總統、國會和最高法院，各出三人。「全斗煥憲法」仍將維持現制。於是選舉可望做得較好。

更重要的是選委會本身要自尊自愛，依照法律獨立行使職權，不受干涉。

以上五點，有的已成爲政府的政策，能夠保證選舉的成功，有的乃是政治學的ＡＢＣ，將來必能實現。所以我敢以樂觀的心情，預祝選舉成功！民主萬歲！

六十九年十月

崇法反暴，選賢與能

《聯合報》記錄

編者的說明：本報舉辦的「選民談選舉」徵文入選作品，今天全部發表完畢；中央民意代表增額選舉的競選活動，亦自今日起展開。

這次徵文，來稿累計在二萬五千件次上下，包括精言十萬則，短文四千七百餘篇；入選作品發表後，甚獲朝野重視，認爲對「溝通觀念，辦好選舉」甚有助益。

在選舉活動揭開序幕之時，本報邀請了二十位「佳文．妙畫．精言」的作者，舉行座談，做爲這次徵文活動的總結，並希望藉此使這次徵文活動中所顯示的眞正來自民間的智慧、熱忱與期望，能受到大家的珍惜與重視。

在這次徵文活動中，國策顧問陶百川參加了所有的項目，以陶先生的地位、學養和年歲，堪足爲國人應熱心參與國事的示範。故座談會記錄之發表，特以陶先生應徵文稿之標題「崇法反暴，選賢與能」的手跡，作爲本次記錄之標題，以揭示這次選舉應有之精神，並藉向陶先生表示敬意。以下是座談會的紀要。

國策顧問陶百川先生說：「辦好選舉，方有民主；辦得不好，政治糟糕。」

陶先生以四則「選舉精言」應徵，結果入選了兩則。上面的這一段話，就是落選兩則的其中之一。他在座談會中說明了這一則「精言」的涵意。

他說，眞民主必有選舉，有選舉卻未必是眞民主。如果選舉辦得不公平、公正、公開、公道，就不能算是實現了民主政治。因此，他特別呼籲，政府和執政黨，一定要有辦好這次選舉的決心。

他說，不要用繁密的規定來限制競選活動，不容暴力干擾了競選活動，尤其不可使金錢腐化了選舉活動。要能做到這三點，才算辦好了選舉，民主才有希望。

然而，他感慨地說：「這次想要有一次不花大錢的選舉，大概是辦不到了！」

他說，他有一位現任增額立法委員的朋友，就因無法籌到起碼新臺幣一千萬元的競選經費，而退出了選舉。

陶先生沉痛地指出，競選開支大，當選者勢將設法「撈回本錢」，政風因此渾濁，政治也受到污染，因此，他提出呼籲，大家一定要設法扭轉金錢腐化選舉的趨勢，並建議將來在選舉罷免法中應增訂節制競選經費的條款。

接着陶先生又提出他的另一則落選的「選舉精言」——「選賢而不選錢，守法尚須守禮」。

他說，大家都知道要「守法」，但是還須「守禮」，選舉期間才不會混亂。他認爲，「守法」容易做到，但除了「守法」，還須「講禮節」。他希望候選人要有「守禮」的風度。

陶先生舉這次美國總統大選作例子說，雷根與卡特在電視上辯論時，雙方彬彬有禮，雷根稱卡特「總統」，卡特稱雷根「州長」（編者按：雷根曾任加州州長），雙方雖得理不讓人，但口氣溫和。這種氣度與禮節，過去在國內選舉中，實在難得一見。陶先生感慨地說：「美國的月亮不一定比其他地方亮，但選舉這個月亮，還眞是美國特別圓。」

他說，卡特在競選期間，曾屢屢暗示，雷根是「戰爭販子」，將雷根比作「戰爭」的象徵，而把自己說成「和平」的化身，卡特的這種論調一出，輿論立刻譁然，連原來傾向卡特的《紐約時報》，也認爲這種競選技巧是一種「卑鄙的方法」。可見美國的輿論與民意，對於候選人「守禮」的風度都很注意，不接受卑劣的競選手段。

陶先生並認爲，辦好選舉是民主政治的起碼工作，其他如政黨政治等亦待加強；但無論如何，至少我們應該從辦好選舉着手。

精言作者李振民先生認爲，陶百川先生入選的一則「選舉精言」——「崇法反暴，選賢與能」，也很有啓示作用。他指出，「崇法反暴」是選舉的手段，「選賢與能」是選舉的目的，最終的目標是在辦一次漂亮成功的選舉。

（中略）

座談會結束時，全體與會者認爲，陶百川先生對於本次選舉「崇法反暴，選賢與能」的呼籲，可以概括整個座談會的各項論旨；他們願藉這八個字，做爲對於全體選民們期望，希望這次選舉在全體選民的理智與抉擇參與熱忱中，眞正做到「崇法反暴」，而實現「選賢與能」的理想目標。

六十九年十一月二十一日

建立選舉新形象的第一步——

辦好選舉委員會

辦好選舉，建立新形象，千頭萬緒，談何容易。但我以爲仍有一個提綱挈領的方法，就是辦好選舉委員會（以下簡稱選委會）。它大權在握，影響重大。因爲選舉法規由它制訂，選務人員由它派用，選舉區域由它劃分，選舉行爲由它監察，選舉違法由它取締，選舉訴訟由它提控，選舉爭執由它裁斷。一言以蔽之，一切選舉行政和監察都由它一手辦理。有如人身上的中樞神經，好或不好，足以影響四肢百體。

然則怎樣把它（選委會）辦好呢？最基本的，是它的組織首須健全。

我在一次選舉法的座談會中曾引美國聯邦選舉委員會的實例，作爲他山之石。我指出，祇因組織健全，它方能做到公開公平公正和公道。我呼籲我國首當致力於此，以期事半功倍。

按美國聯邦選委會是聯邦選舉法的執行和監督機關。它有權制訂該法施行細則及其他規章，不對總統負責，但須送給參衆兩院備案。如果兩院都不在三十日內提出異議，該項法規自動生效。

美國對於競選經費的捐獻、使用和報銷，都有詳密的限制。候選人應將經費報銷送呈國會轉送該會備查，並准選民隨時查閱。捐獻、使用和報銷如有違法情事，應由該會查明檢舉，移送法院處以徒刑或（和）罰鍰。

祇因該會的任務這樣重大而敏感，所以它在組織上也就不能不力求公開、公平、公正和公道。它置有委員八人。其中二人由參議院，二人由衆議院，就民主、共和兩黨各別提出的人選投票選任，另二人由總統派充。但兩黨黨員都不得多於六人中的三人，任期五年。其餘二人，由參、衆兩院的秘書長當然兼任，但沒有表決權。

該會置正副主席各一人，由委員互選，但必須分屬於兩黨，以資制衡。

最近卡特總統競選總部向該會指控雷根友人募款助選，違反公費選舉的精神，要求國庫拒付二千九百四十萬元的補助，但爲該會迅速駁回，雷根競選方因得款而不受制。這是該會獨立公正的明證。

我國首屆選委會的委員人選，以我所認識者而論，都很開明公正，可與爲善。但我們如果想求它更好，則我尚須作下列兩個建議：

一、政府和黨部要多多鼓勵該會委員放膽做事，並讓他們獨立行使職權，不加干涉。

二、組織和人事方面的獨立、平衡和團結的形象，猶待加強，方法之一是增加一位副主任委員和一位副秘書長，都請無黨籍人士充任，以昭公開、公平、公正和公道。

我不信外國的典章制度可以任意移植於我國，上述美國選委會的組織原則，也非例外。我上列兩個建議，雖也採用了它的一些精神，可是卑之無甚高論；如荷採擇施行，則政府必能對國內外放射一些新形象，而可能失去的祇是一些小便宜而已。可不勉哉！

六十九年九月

如何塑造選舉新形象？

在《臺灣時報》座談會發言要旨

中央級民意代表選舉，從今天起開始辦理候選人登記，選戰的序幕，從此已經揭開。

最近以來，關於如何塑造新形象的問題，雖然被談論很多，但如何塑造選舉新形象，則較少有人提及，爲此，本報特別舉辦座談會，邀請陶百川、朱文伯、張子揚、李公權、費希平、葉時修等六位先生，就「如何塑造選舉新形象」發表高見，圍繞在這個主題之下，他們就「如何塑造政府新形象」、「如何塑造執政黨新形象」、「如何塑造選務機關、選民與候選人新形象」、「如何塑造傳播機構新形象」等四個子題，提出他們的看法。

從今天起，本報將分四天，將座談會紀錄全文刊登，俾讓讀者了解學者專家們對塑造選舉新形象的看法，並供有關當局參考（下文是陶百川的發言要旨）。

如何塑造政府新形象

選舉委員在選舉時代表政府，等於是政府的全部，要辦選舉行政，也要辦選舉監察，其工作包羅萬象，選委會如果辦得好，政府的新形象就建立了，否則根本談不上，選委會的成員很重要，以前他曾經提過，希望執政黨的委員不要超過二分之一，但一定要有二分之一，才算得上公平、公正、公開、公道。

陶百川先生表示：美國也有聯邦選舉委員會，包含六位委員：參議院二人，衆議院二人，總統派二人，這六個人當中，民主黨和共和黨都不准超過三人，參、衆兩院各選二人是由參、衆兩院議長徵求兩黨意見，要兩黨各提一人，再投票表決，不能選出兩黨所推其餘的人，總統也祇能派一個共和黨，一個民主黨的。委員會有主任委員和副主任委員，如果主任委員是民主黨的，副主委一定是共和黨，這樣一個成員配備，才不致於有偏頗。

他說：再看看南韓，選委會委員由總統提三人，國會提三人，最高法院提三人，共九人，全斗煥的新憲法草案，也維持了這個制度，這樣的成員相信可將選舉辦得好。

他表示：我們的中央選舉委員會，他不贊成由行政院產生成員，最好行政院、立法院、司法院、考試院、監察院各推二人，其餘由政府派任，共十五人，這將來可供參考。這次中央選舉委員會委員，就所認識的，都很公正、開明，將來一定可以將選舉辦得公平、公正、公開、公道。但政府機關權力抓得太緊，不容易放開，要塑造新形象，一定要多給選舉委員會鼓勵，讓他們放手去做事，依法行使職權，不要去干涉。選舉委員會本身也要依法執行，不受干涉，那麼，國家的形象才會煥然一新。

如何塑造執政黨新形象

陶百川先生指出：關於新形象問題，執政黨已開始做了。例如，今年增額中央民意代表選舉，祇提名百分之五十七，這種禮讓的精神，民主的精神，以及希望各方參與的氣度，是了不起的，這是個好的開始。西諺云：「好的開始是成功的一半」，好的開始，已經成功一半，對於這個部分，他要讚揚它，至於要完全成功，還要看另一半怎麼做，關於這一部分，他要保留批評，等做好了再讚揚。

他說，執政黨要塑造新形象，希望能加上一點政黨政治色彩，除了已獲提名的百分之五十七之外，其餘的名額希望能多幫助友黨或社會人士，不要再支持自己的同志。這個希望在以前可能是沒有根據的，但是，這回的情況不同，從執政黨的未提名足額，可以看出和以前要求全面勝利的「包辦」作風不同。

他說，在美國時，曾以個人的名義致函李璜先生，希望他基於民主政治的前途，在選舉之前能回國一趟，他當時的態度並不積極，後來受了執政黨提名百分之五十七的鼓勵，心情大爲振奮，所以就趕回來了。青年黨如果能從此自立自強，在選舉方面，特別是明年的地方公職人員選舉時扮演更重要的角色，那麼，做爲一個執政黨的黨員，以及政治研究者，他將表示歡迎，這也是使民主政治更完美的不二途徑。

他強調，執政黨以及在野黨都努力地在改造本身的形象，而且都已有了好的開始，未來的成功與否，執政黨在野黨要各負一部分的責任。

如何塑造選務機關選民候選人新形象

陶百川先生指出：過去選舉辦的不理想，選舉監察機關和選監人員要負起很大責任，這一次選舉監察制度有較大幅度的變更，希望這一次選舉能在「好的開始便是成功的一半」之原則下，辦得比過去要好。

他說，在一般民主國家，選舉之受到干擾，有三種情形：一是官員的把持控制，其次爲暴力的刼持，其三爲金錢的腐化，這三種情形中，以第三者最爲嚴重，應予以防杜並懲罰。

他表示，選民與候選人之間的金錢往來，並不是很難查究的一件事，而金錢之破壞選舉，也並不僅限於賄選一端而已，要保持選舉的純潔性，達到選賢與能的目的，而不流於金錢控制選舉之弊，必須對候選人的競選經費及其使用，在選舉罷免法予以規定。

陶百川先生以爲，對候選人的競選經費來源、捐助使用額度及項目之限制，候選人關於其競選經費之使用，要報告給選監人員，並准許人民公開閱覽，如此，金錢腐蝕選舉的可能性才比較少。

他認爲過去臺灣省的地方選舉，曾有規定競選費用之限制，如「臺灣省妨害選舉罷免取締辦法」第十三條規定：「縣市鄉鎭縣轄市之選舉候選人競選費用，除第十條應繳付之保證金外，不得超過選舉監督公告之費用限額」，這一規定的收效雖然不大，但至少有法勝於無法，如將此一規定擴大實施，則其成效可期，但現行「選舉罷免法」則無此一規定，「倒車開得好厲害」，希望今後各候選人以道德的責任來從事選舉，更希望選舉過後在檢討修法時，能修正此點。

如何塑造傳播機構新形象

陶百川先生認爲：新聞傳播媒介一定要超黨派，不偏不倚。他說，新聞傳播媒介的主要功能，就是探討、發掘以及報導事實眞相，使社會大衆對發生在他們周圍的人和事有正確的了解和公正的評斷。

他表示，就拿選舉來說，從前我們的選舉是祇要黨提名，就能當選，尤其若要黨提名，其實就是指獲得黨工的賞識。但是現在情形又有點不同了。現在由於大衆傳播力量的興起，相對的黨工的力量也就沒有那麼絕對了。過去國民黨辦選舉，民衆不太相信黨推出來的人可以幫他們申訴意見，維護權益；但是現在的選舉，藉着大衆傳播，他們可以憑着自己的眼睛、耳朵去判斷候選人的良窳。

他說，當今社會組成的分子越來越複雜，贏取選舉的因素也非常複雜，但不可否認的大衆傳播的影響力量卻越來越不可忽視。所以大衆傳播媒介本身也應該充分擔當起這個使命，尤其在選舉時候，更要做到客觀忠實的報導，使選民耳聰目明，而在投票時做正確的抉擇，以塑造大衆傳播機構的新形象。

對立監委增額選舉的批評

顏文門專訪

訪陶百川談選舉

中國國民黨和行政院昨天上午先後開會，決定在今年內定期辦理增額中央民意代表選舉。這項決議，充分顯示執政黨及政府推行民主憲政的決心與堅定的立場。

政論家陶百川讚揚執政黨此項明智的決定。他說：「這與蔣主席在四中全會強調決心推行民主憲政的精神是一貫的。」

陶百川認爲，選舉是促進政治及社會安定的重要途徑。他說：要維持國內的安定，有兩個管道，一個是言論自由，另一個是定期選舉。定期選舉，可以打通人事管道，對於政治有興趣的人，可以透過選舉的管道，達到參與國事的目的。言論自由則可以讓任何人表達意見與希望，亦可達到參與的目的，這兩點是促進團結、保持和諧的必經步驟。

當前國家處境仍極艱困，而執政黨及政府仍決心定期選舉，彌足珍貴，各方均期望未來的選舉是和諧安定的。陶百川認爲：未來的選舉，不致發生暴亂，但還可能存在一些「戾氣」，需要政府好好的疏導，防範少數戾氣導發爲暴亂。

陶百川以產婦喻選舉。他說，產婦懷了胎，必須分娩。當產婦生下孩子之前，總有陣痛，但祇要有好的醫藥照顧，便會順利生產，絕不能怕陣痛而不分娩，或有一點疑難就不生了。

依照選舉罷免法的規定，選舉期間，組成選舉委員會監督等事項，可以說是選舉的監察機關，陶百川表示：選舉委員會地位重要，如何消除選舉期間的一些戾氣，選舉委員會應扮演重要角色。他說：選舉被視爲「民主假期」，言行尺度較平時爲寬，難免出現逾越範圍的言行，選舉委員會似應防範於未然，負起溝通與疏導的責任，不待法令的制裁，即將戾氣消弭於無形。

陶百川對於選舉委員會寄望甚高，他說，選舉委員會是選務的執法機關，人選很重要，宜由公正人士擔任，分配亦求公道。「祇要這個組織『公道』，人選『公正』，執法『公平』，那便可以負起監督選舉的責任。」

爲了保持選舉期間的和諧與安定，陶百川也希望執政黨對於選舉不必以「全勝」爲目標。他指出，所謂全勝分爲兩種情形，一是提名多少，當選多少，一是所有名額，全部提名。他認爲，時代不同，人才不完全在黨內，似宜酌留名額，供執政黨以外人士角逐。

陶百川指出，年輕一代人才很多，政府宜誘導他們共同參與，達到爲國養才的目的。他同時也期望任何候選人，包括無黨籍的競爭者，必須把握參與的分寸，這是一種支持政府與現有體制的參與，不要被誤會不是爲了參與，而是有其他目的。

談到黨內提名，陶百川說，黨內人才很多，只要所提人選適當，加以組織的支持，選舉致勝應是輕而易舉。他同時主張繼續維持黨內報備競選制度，因爲提名名額有限，應准黨內一些優秀黨員報備競選，使其發揮所長，同時，此一制度的存在，亦可促使黨提名更加愼重，提出優秀人才參與選舉。

立委選舉瑕不掩瑜

今年增額國大代表和立法委員的選舉，昨天在平安祥和的氣氛中圓滿完成，國內許多學者專家認爲，從此次選舉的競選活動中，已可看出我們的候選人和選民都在進步，我們的民主政治將在不斷的學習和改進中益臻完善。

國策顧問陶百川說，這次選舉「是完全成功的，我願意加以讚揚」。

陶百川表示，在增額中央民意代表選舉之前，他就說過，這次選舉已經有了好的開始，因爲政府恢復六十七年的增額中央民意代表選舉，並擴充名額，執政黨提名候選人又留出三分之一名額，因而引起熱烈的參與，這是非常好的開始，也是成功的一半。

他說，至於另一半是否成功，端視選舉的過程與結果。他曾仔細了解這次選舉的過程，政府及執政黨都發揚了寬容的精神，各級選委會也表現了公正的精神，候選人具有守法精神，而選民踴躍投票則發揚了民主精神。

陶百川說，在這次選舉中，他認識的賢能的候選人中，大多數都當選了。他要以一個中央民意機關退休老兵的身分，祝福這次增額中央民意代表當選人，並希望他們今後能夠大力發揚民主傳統。

六十九年十二月十七日

林聖芬專訪

監委選舉瑜不掩瑕

增額監察委員選舉已經順利完成。由於各界對此次選舉的議論甚多，本報特分別訪問了陶百川、胡佛、李長貴、沈君山、黃越欽、郎裕憲、李鴻禧、蘇俊雄、黃石城等學者專家及選舉委員，就這次選舉客觀地加以檢討評析，以下是陶百川的談話：

本次增額監察委員之選舉從執政黨的提名，以至二十七日的選舉之種種；以及寄望於未來監察院新形象之塑造，眞是一言難盡，謹舉其犖犖者言：

一、在上次立法委員、國大代表之選舉，執政黨提名比率祇有百分之五十七點三，此次監察委員則提到百分之八十六點三，執政黨的禮讓精神不能貫徹，很感可惜。

二、執政黨所提的候選人，有的人夠不上監察委員的最低標準，令人不免失望。

三、賄選的傳聞言之鑿鑿，不可不加以徹查，但需辦的公平、公正，以彰公道和法治。

四、憲法規定監察委員由議會選出，這對議員及監察委員都有好處，不可因噎廢食。而且我國的總統是由國民大會代表選舉，內閣制國家的國務總理都由國會決定，足見間接選舉並非一定不好。

五、至於對新當選監察委員之諍言，眞是一言難盡，我祇想引多年前我弔唁監察院一位先賢李夢彪先生的兩句話：「監委要像李夢彪，正直勇敢又淸高。」監察委員是風霜之任，必須保持正直、勇敢和清高的精神，才能發揮他的功能，以除弊正風，福國利民。

監委選舉之虛心、深入和認眞的檢討

這次增額中央民意代表選舉結束後，中國國民黨主席蔣經國先生在中央常會嘉許選舉較前進步，對貫徹三民主義的憲政，從而增加信心。但他也不諱言，仍有若干地方尚須改進，特別指出：「尤其是在監察委員的選舉方面，更應虛心的、深入的、認眞的加以檢討。」我不知執政黨和政府是否已加檢討？結論如何？有何改善措施？所以不揣冒昧，在一月七日寫了一文，〈監委選舉之虛心、深入和認眞的檢討〉投登《聯合報》，提出我的檢討意見，以供參考。

拙作分兩次寫成，時間又相當匆促，所以思慮尚嫌不周，辭句也不夠謹嚴，而因頗蒙讀者喜愛，我乃加以修改和補充，並加附註，作爲更虛心、深入、認眞的檢討。

一

首先，基於虛心、深入和認眞的檢討，我不能不指出執政黨所提名的監委人選，無庸諱言，頗有敗筆。但是毛病不完全出在提了金牛型的候選人，而多半是因誤解和高估了監委的功能和權力，深怕他們利用彈劾權、糾舉權、審計權、同意權和調查權，對政府和官吏多所挑剔和牽制，以致妨害政府的效率和信譽。他們因此對監委候選人提名的優先考慮是要他們柔順聽話。但柔順聽話的人，可能成爲很好的國大代表甚或立法委員，而與監察工作之必需強矯精神者卻大相逕庭，所以難獲社會贊許，甚至黨籍議員，有的也對他們大失所望。

其實監察委員的權力很有限，對政權不能發生多大妨害，反而可能有所補益。監察委員固可單獨提案，但他們的彈劾案須經九人以上輪值委員的審查和決定，而且懲戒權操在司法院；糾舉案須經三人以上輪值委員的審查和決定，而且是逕行政首長處理，主要作用僅是調職；同意案則由院會掌理，少數人不能否決；審計權則由審計部獨立行使，監委不得干涉，而審計長又是總統所提名；調查須經監察院指派，而且調查報告僅供採擇。凡此都不是監委所能單獨決定。所以黨和政府對他們不必過分敏感和害怕。

二

但是監察委員自有他們的功能和作用。因爲他們職司風憲，我常說：「他們是人民的喉舌，政府的耳目，國家的守夜狗，官場的清道夫，社會的安全瓣。」因此，他們必須很方正，很勇敢和很清廉，他們必須是諤諤之上，而不應做諾諾之徒。

而且以政治風氣而論，我政府今日所受的指責，不僅是警察和稅務，舉凡法院、銀行、公營事業、地方政府，甚至一部分高級官員，也常爲人所詬病。除弊懲貪，激俗正風，執政黨和政府正須借重監察院的風霜之任，爲它選擇剛正敢言而有淸望的人出任監察委員。

所以我曾懇切希望這次執政黨的監委提名要做到下列三點：

一、人數要保持立法委員和國大代表的提名比例，百分之五十七點三，使社會人士和提名落選的黨員也有公平競選的機會，而他們較能獨立行使職權，不致官官相護，可望有益於整肅政風，從而有利於執政黨及其政權。

二、不提特別富有或經營大企業的人作候選人，以免瓜田李下之嫌，並對選民做出榜樣。

三、往昔每逢國家發生災變，國君下詔求賢，對象多着重「賢良方正，直言極諫」。這次提名作業爲國選賢，爲政除弊，也請以此爲法。

可惜這次提名結果，與這些標準相距頗遠，不獨不孚衆望，而且遺留隱患。我建議執政黨在檢討時也能注意這三點。

三

這次議會投票結果，有些執政黨的議員不照黨部指示投票，據說黨部正在查究。限於資料，我對這事還不能深入檢討。但就理論來說，黨員不照指示投票的原因，大概不外下列四項：

一、得人錢財，把票賣給出價最高的人。

二、不滿意黨部要他投票的候選人；黨性很強的議員仍會勉強遵辦，但如個性較強，他就會改選他人。

三、在黨部指定要他投選某一特定人之前，他早已對另一候選人所承諾，不便臨場食言。

四、他可能對黨部沒有甚麼好感或信仰，不願遵辦他所認爲不適當的指示。

在上列原因中，如果出於第一項，黨部自當徹查法辦，但如出於後三項，則它就當進一步而作更虛心、更深入和更認眞的檢討了。

請讓我順便略述黨員與黨的相處之道，在這民主憲政時代，雙方面都應有新的理解。

孔子是以義或不義作爲雙方關係的指導原則，他說：「故當不義，則子不可不爭於父，臣不可不爭於君。」（《孝經》〈諫爭〉章）（註一），申言之，黨員也不可不爭於黨（註二）。

近代西洋一位政治學權威蒲雷士爵士，則把問題的大小作爲衡量的標準，他說：「臨到重大事情，牽涉到國家利益的，他應該把國家利益置於黨誼黨德和黨紀之上，而設法推翻那個行政部門，不應讓他繼續錯下去。」（《公民精神的障礙》，英文本第九十一頁）（註三）。

四

這些驚人的理論，無非是因政黨不是國家，後者的利益應高於前者，黨員自應優先尊重國家利益。政黨也不是軍隊，後者可以軍紀去拘束士兵，而黨沒有強制黨員服從它的有效方法。而且政黨乃是政見和道義的集合體，如果黨的政見錯誤或道義有虧，黨員不應，而且黨也不能，要他絕對服從。

以此指導黨的監委提名作業，執政黨應該稍稍發揮民主精神，讓黨籍議員有參與決定候選人的機會。它至少應在提名前，邀集有關議員同志舉行聽證會，對候選人作民主審查。

此外，這種民主審查的程序，尤應實施於議會投票之前。而這次議員選舉監委的過程，祇能聆聽每人十五分鐘的政見，實在過於草率。如果能舉行審查會或聽證會，議員可對候選人提出問題請他公開答覆。如果候選人經營公務員服務法所不許可的營利事業，議員有權要求他公開保證放棄股權和脫離現職，以杜流弊。對於人民的檢舉，議員更應予以徹查澄清。由此足證這次監委選舉實在有欠鄭重，以致長留話柄和笑柄。

至於賄選，顯然觸犯刑章，各級選舉委員會和檢察官自應徹底偵辦。現在賄選之說甚囂塵上，行賄和受賄的人，簡直呼之欲出，政府如不究辦，將何以重法治而清仕途！而「刑期無刑」，現在如能及時破案，將來可望弊絕風清。

五

於是我們就不必因怕賄選而把監委的間接選舉改爲直接選舉了。直接選舉並非不好，但間接選舉也有它的理由和價值，我們不應因爲賄選一點而逕認爲間接選舉必須放棄。而且如果把賄選歸咎於間接選舉，難道我們也須把總統和副總統的舉世通行的間接選舉制度改爲全體人民的普選嗎？

我國憲法的主稿人和制憲國民大會，在考慮監委產生方法時，曾經參考了美國參議院的組織，包括它的職權和長達六年的任期。可是他們並不採取美國參議員的普選制，反而使用它在一九一三年前州議員選舉參議員的間接制，那是因爲間接的確有它的優點。

而且就以美制而論，美國一位憲法學家海納斯教授迄今還在懷念參議員的間接選舉制，他說：「參議員在由州議會選舉的時期負有很高的聲望，可見制憲會議所選擇的產生方法是正確的。而且，我們應該承認州議會選舉時期所發生的有些流弊是能夠糾正的，而依照近來的經驗，參議員的直接選舉，有些結果，與理想相距很遠。」（《美國參議院》，英文本，第八十五頁）。

常言道：「白圭之玷，猶可磨也」，省市議會產生監委的制度，自有它的妙用，而賄選則不難防杜，所以不宜輕言改制。

六

就整個監察院來說，它有如一塊白璧，縱有小小的瑕疵，仍有大大的價值。我們要珍惜它，鼓勵它，督促它，而它本身更應自愛、自強、自奮，俾能善盡職責，以除弊正風，「潔」濁揚清，福國利民。

七十年一月二十七日修訂

（註一）：孔子《孝經》〈諫諍〉章第十五全文如下：「曾子曰：『若夫慈愛恭敬，安親揚名，則聞命矣。敢問夫子：從父之令，可謂孝乎？』子曰：『是何言與！是何言與！』

「昔者：天子有爭臣七人，雖無道，不失其天下。諸侯有爭臣五人，雖無道，不失其國。大夫有爭臣三人，雖無道，不失其家。士有爭友，則身不離於令名。父有爭子，則身不陷於不義。故當不義，則子不可不爭於父，臣不可不爭於君。故當不義，則爭之。從父之令，又焉得爲孝乎！」

（註二）：關於子女對父母的諫爭之道，孔子曾在《禮記》中有所補充：「父母有過，下氣怡色，柔聲以諫；諫若不入，起敬起孝，悅而復諫。」這是說，子女對父母雖可諫爭，但必須講求禮貌和方法，不可強諫，不可失禮。

（註三）：蒲雷士在他的名著《公民精神的障礙》中尙有一段話也應重視。他說：「所謂政黨的精神，要看個別特殊問題的重大與否來決定它適用的程度。如果它是一個嚴重影響國家利益的問題，政治家應該不顧一切以行其心之所安。但是那個問題如果是次要而沒有深遠影響的，他在責任上應該爲黨而放棄他自己的意見。」

增額監委的選舉方式

中央選舉委員會委託臺灣大學法學院研究增額監察委員選舉方式，日前舉辦座談會，我也被邀參加，就下列兩個問題發表意見：

一、關於增額監察委員選舉之缺失，我指出兩點：

第一點：作爲一個執政黨的黨員，我主張執政黨必須掌握國民大會和立法院，所以提名和當選的黨員必須超過二分之一甚至三分之二，使政權更臻安全。因爲國民大會職掌總統選舉和憲法修改，乃是法統之所寄。而立法院職掌立法和預算，也是執政黨和政府所必爭。但是監察院的功能則重在澄清吏治，端正政風，乃是風霜之任，而這二者正是目前的重要任務。如由執政黨黨員來做監察委員，難免黨同伐異，官官相護，難望做好。如能由獨立人士來擔任，則較能獨立行使職權，發揮「政治清道夫」的功能，對政治祇有好處，沒有害處。所以我曾主張監委不必提名。

在上次選舉前，執政黨就國大代表和立法委員所提黨員候選人祇有百分之五十七點三，足徵天下爲公的襟懷。但監委候選人的提名卻高達百分之八十六點三。兩相比較，乃是輕重倒置。

第二點：上次增額監委選舉盛傳賄選，而且何人行賄，何人受賄，呼之欲出。但迄今未聞政府執法機關採取行動。這是上次增選最大的缺失。

二、關於「如何改進選舉之方式」，我呼籲維持現行間接選舉制，就是由省市議會產生監察委員。這有很多理由，但最重要的，也是一般論者所忽略的，乃是間接選舉能使省市議會的職權透過所選的監察委員作更有效的發揮。因爲省市議會掌有預算權，但沒有審計權，有一部分的地方立法權，但沒有糾正權，對於違法失職的地方官員也沒有彈劾權和糾舉權。省市議員祇能提出質詢，不能查帳，不能調閱文件，也不能對官吏行使調查權，所以對於澄清地方機關的吏治和政風，簡直無可奈何。幸而他們有權選舉監察委員並在必要時可加以罷免，因此他們可以要求所選的監察委員替他們行使對地方政府的監察權，對吏治和政風應能發生較大的作用。如果改由普選，而選民乃是一盤散沙，省市議會就喪失對監察院的影響力而無異削去它的一隻手臂和杜塞它的一條管道。

至於間接選舉的賄選，祇是一個法律問題，依法執行，不難嚇阻和預防，不可因噎廢食。

此外關於「增額監察委員候選人應具備之條件」，我也想指出，在憲法所已經規定者外，我提出左列兩點：

第一、監委乃是清高的職官，所以必須具有清望，且爲防止與國家利益發生衝突（Conflict of interest），所以政黨不可提名特別富有或經營大企業者作候選人。

第二、他們要有仁、勇、智、勤、儉的美德：以仁愛民，以勇任事，以智析理，以勤服務，以儉養廉。其中特別重要的乃是仁勇，因爲沒有道德勇氣的人必難擔負風霜之任。

又關於「應否有婦女名額之保障」，我主張維持現制。以美國那樣社會發達，政治開明，男女平等，但現在尚在設法修改憲法，要給婦女以平等權利的保障。該修改案已經國會通過，現正徵求三分之二州議會的同意。美國尚須那樣鄭重其事，我國更不宜侈談取消婦女保障名額了。

七十年九月二十九日

競選言論應該放寬，競選金錢必須收緊

動員戡亂時期公職人員選舉罷免法，在起草時，在立法院討論時，在公布施行後，尤其是在上次增額中央民意代表選舉適用時，陸續發生或發現一些問題，勢須加以修改，政府當局也一再有所承諾。但我不敢過分樂觀。

不是「空谷足音」，中國人權協會卻在四月二十四日舉行了一次座談會，就有關問題加以檢討，我也被邀參加，提出「競選言論應該放寬，競選金錢必須收緊」的呼號。現爲廣求指教和共鳴，特把我的發言紀錄稍加修訂，送供一向重視這些問題的《臺灣時報》惠予採登。

一

中國人權協會今天召開這個選舉問題座談會，我很自然的要用人權觀點來檢討選舉罷免法中的一個法律問題，它就是第五十四條的規定：候選人或他的助選員不得煽惑他人犯內亂罪，違者依第八十六條處七年以上有期徒刑。我以爲過分苛刻，有違人權。

所謂內亂罪，依刑法第一百條，是指意圖破壞國體或竊據國土或以非法之方法變更國憲，顚覆政府，而着手實者行，但該項內亂大罪也僅處七年以上有期徒刑，預備或陰謀犯內亂罪者，則僅處六月以上五年以下有期徒刑，言論文字的煽惑都不在該條處罰之列。而選舉罷免法竟將言論文字的罪行也科以七年以上有期徒刑，遠重於預備或陰謀犯內亂罪者的本刑（六月以上五年以下），豈非過分苛刻！豈非不合情理！

觀於最近法院，對檢察官依煽惑內亂罪起訴的一個被告自動予以減刑二分之一，判處三年六個月，而我以爲猶嫌太重，但依法不能再減，可知第八十六條該項重刑實在太不合理了。

但我不主張把該條根本刪除，因爲可能有人會眞的煽惑內亂。我主張修改該第八十六條，依照預備或陰謀內亂的罪刑，改處六月以上五年以下有期徒刑。「五年以下」，這個刑罰，已經夠重了。

二

同時，在該條修正前，選舉委員會和法院在研判競選言論時，必須鄭重其事，第一須注意有無煽惑內亂的犯意（就是所謂「意圖」或「目的」），抑或僅在「譁衆取寵」，爭取選票；第二須注意有無煽惑內亂的可能（就是所謂「明顯和立即的危險」），抑或僅僅引起一陣掌聲，甚或反而引起一陣噓聲，對社會秩序和國家安全毫無損害。

因爲候選人在競選時，競爭劇烈，感情難免衝動，以致出言有欠考慮，但未必有很大的惡意，更未必是想「破壞國體」或「竊據國土」或「以非法之方法變更國憲」或「顚覆政府」，換言之，根本沒有內亂的意圖，則國家便不應科以煽惑內亂罪。

而且臺灣現在民智大開，「人民的眼睛是雪亮的」，不會盲從有些偏激的言論而爲其煽惑而觸發內亂，監選人員當場予以警告，應能將它阻止，則事後便不必小題大做，過分敏感或恐懼，從而科以煽惑內亂罪，因而嚇阻候選人對政府或官吏的批判或檢討。

他的偏激的言論或文字可能觸犯侮辱政府罪或妨害公務罪，也就是選舉罷免法第五十四條第三款所定：「觸犯其他刑事法律規定之罪者」，國家自可依法訴追，處以應得之罪，這樣已足以收懲罰和嚇阻之效，自不應遽以煽惑內亂罪科以重刑。

三

我從此聯想到上次選舉最爲人所詬病的，一是賄選，二是競選金錢的爲非作歹，而選舉罷免法，對於賄選竟無加重處分的規定，甚至避而不提，對於競選金錢的爲非作歹，前臺灣省妨害選舉罷免取締辦法尚有三條加以管制，而選舉罷免法則摒棄不採，任其泛濫。如此下去，禍害眞是不堪設想。

所以我主張選舉罷免法應增加賄選罪如左：

一、有投票權的人，要求期約或收受賄賂或其他不正當利益而許以不行使投票權或爲一定的行使者，處三年以上有期徒刑，得併科五萬元以下罰金。犯前項之罪者，所收受的賄賂沒收之。如全部或一部不能沒收時，追徵它的價額。

二、對於有投票權之人，行求期約或交付賄賂或其他不正利益，而約他不行使投票權或爲一定的行使者，處五年以上有期徒刑，得併科七萬元以下罰金。

同時，我主張選舉罷免法應該參照前臺灣省妨害選舉罷免取締辦法第十三、十四、十五條就競選經費作以下的規定：

一、候選人的競選費用，除應繳付的保證金外，不得超過選舉委員會公告的費用限額。

前項費用限額，由選舉委員會按照實際需要於公告選舉投票日期時一併公告之。

二、前條競選費用，候選人應造具概算書，於申請登記爲候選人時，繳送選舉委員會備查，不繳送者，視爲登記手續欠備，不予受理。

前項概算書格式，由選舉委員會統一製發。

三、候選人競選費用的收支，應設置帳簿登記，縣市選舉委員會得派員查核。如發現有違背規定而情節重大者，應依本法取消他的當選資格。

四

依照世界民主國家的選舉通例，放寬競選言論和收緊競選金錢，久已成爲選舉立法的趨勢。

我國尤有急起直追的必要。因爲選舉畢竟是選賢而非選錢，應讓政見決勝負，應讓候選人有發表政見和批評對方的充分自由，庶幾選民能充分了解雙方的政見選擇，以達選賢與能的目的。同時，賄選必須杜絕，並限制金錢的作用，不准它污染選票或操縱選舉。於是選舉罷免法必須從速修正，不可拖到明年，並須參照本文的建議，減輕煽惑內亂罪刑並愼重執行，加重賄選罪刑和管制競選金錢的使用及其報銷，以端正選風，宏揚民主。

七十年四月二十八日

高瞻遠矚向前走！

——「這次選舉的評鑑與展望」座談會

編者的說明

經過熱鬧而激烈的競爭，四項公職人員選舉已順利完成。選舉是民主政治最具體、最重要的過程，能在選舉中吸取若干心得，亦是推動民主政治的主要經驗來源。

昨日（十一月十五日）本報約請了六位政治人士及專家學者舉行座談會，就本次選舉的經驗作一檢討，並提供了許多深具啓示性的意見。

參與座談的先生是（依發言先後序）：

梁孝煌先生（國民黨中央組織工作會主任）

康寧祥先生（立法委員，無黨籍人士）

陶百川先生（總統府國策顧問，名政論家）

沈雲龍先生（青年黨籍國大代表，史學家）

胡　佛先生（臺大政治系教授）

楊國樞先生（臺大心理系教授）

座談會的題綱是：

㈠對此次選舉的評鑑。

㈡從此次選舉看未來的政治發展：

①對執政黨的期望；②對無黨籍政治人士的期望。

㈢如何使選舉辦得更好？如何使國內政治更和諧、更進步？

以下是陶百川先生座談內容摘要（記錄未及送請過目）：

評鑑這次選舉，可以用一個「平」字來說明。這話怎麼說呢？第一是「平安」。這次選舉在平平安安中結束，沒有發生打破人頭的事情，雞頭也不過被砍掉幾個。在開發中國家如非律賓、印度，每次選舉總要死掉幾十個上百個人，而我們卻能平平安安的渡過，由此可見我們已經充分的現代化了。

第二是「平實」。何以能夠平安呢？因爲平實。執政黨在這次選舉中能以不慌不忙的步調進行，不像過去那樣緊張、敏感、恐懼。可以說是很平實的一步一步布置、一步一步進行。而無黨籍或沒有當選的候選人，也不像過去那樣隨便說話，弄得大家都很緊張。

第三是平靜。因爲作風平實，所以競選過程很「平靜」。這次選舉，沒有甚麼大風大浪。小的風波一定有的。一個茶杯裏不會有風波，一個池塘，就有風波了，至於一條河川乃至於海洋，它的風波可能就更大了。這次選舉已經有「海洋」的規模，縱然有一點小小的風波，但沒有大風大浪，相當的平靜。這是很難得的。

第四是「平等」。宋朝詩人有一首詩：「萬山不許一溪奔，攔得溪聲日夜喧」。山中的溪一定要向下奔流，找尋「水平」，山阻攔它，它當然一定要東竄西竄、左衝右衝了，人情也是一樣的。我做爲一個執政黨的忠實同志，很欣賞這次執政黨在「平等」的觀念上跨出了一大步。我們政府能容忍黨外的推薦候選人、組織輔選委員會和南北聯繫，這些都是很大的進步。今後國民黨是否能夠繼續容許在野人士放膽競爭，在野人士是否有力量參予競爭，仍有待時間證明，但這次選舉是非常好的開始。

剛才康委員提到無黨籍人士去年可以聯合競選，今年卻不可以，似乎更收緊一點。但在我看來，今年比去年更開放了，執政黨與政府無論是容人的雅量、寬大的胸懷，都非常可喜。希望這是執政黨有意的安排，將來更能夠把這個制度發揚光大。這樣高山上的溪水就能夠有一條路直奔下山。這次無黨籍人士所以能夠有組織的與執政黨較量，是執政黨給的一個平等權利，這是執政黨與無黨籍人士最大的成功。

談到對未來政治發展的期望，我希望執政黨方面能繼續朝自由、民主、公道、法治的四大方向努力。

至今仍有些人觀念偏頗，沒有足夠的民主涵養，以致反對自由民主，並公開醜化自由民主人士，實在令人痛心。雖然這祇是少數人的偏激觀念，卻使多少關心國事的人感到憂慮。至於公道，也是當然的事。我們都知道國民革命的目的是要達到天下爲公的目的，祇要時機許可，在野黨可以多來幾個，讓它們站出來，這樣才是公道。現在國家的處境困難，由一黨來承擔責任，固然志氣可嘉、勇氣可佩，但仍然需要擴大參與陣容，讓大家有機會共同爲我們國家的前途努力。還有法治，我們說得很多，但還沒有建成一條平坦的路，以克保國家和社會的長治久安。

今後選舉要辦得好，解決技術上的問題應該很容易，祇要政府把握這四項原則：自由、民主、公道、法治，自然可使民衆歸心，國基永固。

對於無黨籍政治人士的期望，我提出兩點：

一、呼籲無黨籍人士共同擁護國家領導中心，肯定國民黨對國家的貢獻。如果這個中心被削弱了，共產黨一定會馬上過來。所以今後大家必須全心全意的支持、擁護和增強這個領導中心。

二、這次黨外人士競選有一個共同的口號，就是強調制衡，我很贊成制衡在民主國家的重要性，但以我們目前的情況，可能談「爭衡」更爲適合。也就是孔子所說的「故當不義，子不可不爭於父，臣不可不爭於君」的意思。這也是說，人民不可不爭於政府和執政黨。但目前無黨籍人士的力量還談不到「制」的程度，如果沒有這種力量而強爲之，不但於事無補，恐怕還會傷害到雙方的政治關係。所以我希望今後黨外能發揮「爭衡」的力量，促進政治的進步，而唯有政治進步，才能辦好選舉。

七十年十一月十五日

政府在非常時期的有些措施要
防不走正道而誤上旁門左道。
試舉數例以自儆。

軍法審判範圍已擴大了麼？

致行政院孫院長函

運璿先生院長尊鑒：

頃閱大院對立法院王委員之書面答覆第十五項謂：關於軍法審判範圍之劃分，自民國四十一年五月後曾有四次修正，並將「軍事治安有重大關係」之案件劃歸軍法審判（附件）。但以弟所知，所謂修正，僅有三次，亦未見將所謂治安重大關係之案劃歸軍法審判。是否該所謂第四次之修正，未見公布？鑒於前三次之修正俱經公布，因而收印在一般六法全書中，俾衆周知，則以後（即所謂第四次）修正之秘而不宣，是否適法？

以上僅就程序而論，若論實體，則該項修正如果確有其事，乃是以命令代替法律擴大軍法審判之範圍，更屬不合。蓋人民不受軍法審判，係憲法所明定。現制軍法所得審判者，皆爲特別刑法或戒嚴法第八條所授權。但所謂「軍事治安有重大關係」之案件則未見包括在該等法條以內，自不容以命令添加及擴大；即使有其必要，亦當依憲法程序以法律爲之。然則大院致王委員書面

答覆中之添加及擴大，其亦有說乎？弟忝任總統府國策顧問，對法治素所關切。附上該書面答覆，可否請煩示覆？順頌

籌祺

陶百川 敬啓
六月八日

孫院長覆函

欽如先生勛鑒：六月八日華函敬悉，關於軍司法之劃分，經囑主管單位查案，據報始自民國四十年十月二十日所訂定之「臺灣省戒嚴時期軍法及司法機關受理案件劃分暫行辦法」，旋於民國四十一年五月十日改訂爲「臺灣省戒嚴時期軍法機關自行審判及交法院審判案件劃分辦法」，規定自同年六月一日施行，於民國四十三年十月十五日曾就其規定酌作修正，民國五十六年四月一日，經修正爲「臺灣地區戒嚴時期軍法機關自行審判及交法院審判案件劃分辦法」，至民國五十六年九月四日復予修正後，並未再作修正。現所適用者爲民國五十六年九月四日修正之「臺灣地區戒嚴時期軍法機關自行審判及交法院審判案件劃分辦法」。本院對王委員夢雲質詢之書面答覆第十五點所云「前後四次修正」及「軍事治安有重大關係者劃歸軍事審判」，核屬有誤。忝承指

教，不勝感激，除另函立法院更正外，特此奉覆，並致謝忱。順頌

勛綏

孫運璿　敬啓

六十九年六月二十五日

附致立法院函抄件一份

（附載一）行政院致立法院的更正函

主旨：本院前對王委員夢雲質詢之書面答覆部分文字，函請　查照惠予更正。

說明：

一、貴院第六十四會期第一次會議，王委員曾對本院提出書面質詢，經於六十八年十二月二十七日以臺六十八秘字第一三〇四二號函答覆。

二、本案書面答覆第十五點中，文字略有訛誤，擬請更正如左：

㈠「……將戒嚴法第八條所定之軍事審判範圍，自動縮減，其間爲因應時宜，前後四次修

正……」，其中「前後四次修正」之「四」字，應爲「三」字。

㈡「現行規定僅將非軍人犯懲治叛亂條例……此一作法當爲王委員所諒解」，應爲：「現行規定僅將非軍人犯懲治叛亂條例、戡亂時期檢肅匪諜條例及盜毀交通設備器材、盜賣買受械彈、軍油等危害國家安全、破壞軍實之案件，劃歸軍事審判；既符合民主法治，亦兼顧國家安全及人民權益。此一作法當爲王委員所諒解。」

（附載二）行政院對立法院的答覆文（節略）

十五、臺灣地區戒嚴尚未解除，有關刑事案件，何者應由軍法機關審判？何者應由法院審判？應依戒嚴法之規定以爲斷，即依戒嚴法第八條規定：「戒嚴時期，接戰地域內，關於刑法上左列各罪軍事機關得自行審判或交法院審判之：㈠內亂罪㈡外患罪㈢妨害秩序罪㈣公共危險罪㈤僞造貨幣有價值證券及文書印文各罪㈥殺人罪㈦妨害自由罪㈧搶奪強盜及海盜罪㈨恐嚇及擄人罪㈩毀棄損壞罪⑪其他特別刑法之罪」。其目的乃在確保戒嚴地區之治安。惟戒嚴法此項規定，具有彈性，可視情況調整得自行審判或交法院審判。政府鑑於臺灣地區自民國三十八年五月十九日宣佈戒嚴後，社會尚稱安定，治安良好，乃本「最大急需最小損害」之原則，以憲法所賦予人民之權利，作優先考慮，盡量對軍法審判範圍加以限制。民國四十一年五月十日施行「臺灣地區戒嚴時期軍法機關自行審判及交法院審判案件劃分辦法」，將戒嚴法第八條所定之軍事審判範圍，自動縮減，其間爲因應時宜，前後四次修正，現行規定僅將非軍人犯懲治叛亂條例、戡亂時期檢肅匪諜條例及盜毀交通設備器材、盜賣買受械彈、軍油等危害國家安全、破壞軍實之案件或軍事治安有重大關係者劃歸軍事審判，最近兩年來，非軍人犯罪與軍事治安有重大關係而劃歸軍事審判者，僅有黃憲章槍殺刑警一案。目前軍事審判以戒嚴法及前述劃分辦法爲準則，依法處理所轄案件，既符合民主法治之前提，亦兼顧國家安全及人民權益，此一作法當爲王委員所諒解。

叛亂的定義和歧義

一、叛徒或叛亂犯：必須爲意圖破壞國體，或竊據國土，或以非法方法變更憲法、顚覆政府，而着手實行，或通謀外國意圖對本國作戰或使本國領域改屬他國。

叛亂犯罪大惡極，須處死刑，故認定必須十分審愼。其中「意圖」二字非常重要。如果並無叛亂的意圖，或可科以他罪，例如妨害治安罪，但不許叛亂輕率入罪。

又「實行」二字也很重要。如果有人製造警察制服，打造刀槍，預定下月底在某地起事，圍攻警所，顚覆政府，自屬叛亂。但因尚在預備階段，不應認爲是叛亂正犯科以極刑，而應依懲治叛亂條例第二條第三項的預備或陰謀罪處以十年以上有期徒刑，似尚不得科以死刑或無期徒刑。

二、圖利叛徒而擾亂治安者：應由軍事法庭處以死刑、無期徒刑或十年以上有期徒刑（懲治叛亂條例第四條第一項第十款）。

這一罪名處罰較有彈性，而且不必一定認爲是叛徒，但因最輕本刑也在十年以上，仍須在「意圖」上獲得確證。

三、情節輕微而有感化必要者：可由軍事法庭判處三年以下之感化教育（檢肅匪諜條例第八條第一項第二款)。

這一方法，寓勸於懲，應盡量引用，以策安全，以重人權，兼保祥和。

四、至於無叛亂意圖而妨害秩序或妨害公務者：應由法院對在場助勢之人處一年以下徒刑，首謀者處一年以上七年以下有期徒刑。如依陸海空軍刑法，尚可加重爲十年，但仍應歸法院審判。

六十九年一月二十二日

關懷人權提醒二事

這是我於世界人權日前夕在中國人權協會人權學術座談會對兩位教授的人權報告所提供的補充意見，本來不想發表。現因顏文閂先生榮任《自立晚報》總編輯，歡迎我去投稿，我乃把它略加刪節和修飾，送與顏兄作為賀禮，並請讀者指正。

印度新作法頗合情理

方才看了M教授的書面報告以及聽了Y教授的口頭報告，我覺得應該提出兩點，加以補充，庶幾他們的意見不致被人誤會為有害於我們的人權運動。

首先M教授說：「印度一九七一年的國內安全維護法規定，政府得拘禁被認為危害國家的任何人。印度政府在一九七五年以行政命令拘禁了許多人，並限制人民的自由。」M教授說得很對，印度的確有這法律和事實。但印度政府對被認為危害國家的人拘禁期限，法律規定最多不得超過一年，並且隨時可以釋放。這個規定很重要。它比較把反對政府的人立刻處以重刑的做法似較合情合理而有彈性。

因爲就以甘地夫人一九七五年所逮捕的五千餘人而論，他們無非是爲了反對甘地夫人包庇她兒子的非法當選而示威和遊行，他們並無叛亂的意圖觸犯或破壞治安的惡性。而因一時衝動觸犯法律，原可憫恕，稍後情緒平復，當可望其悔改，則國家自應予以自新之路，以期消除戾氣，維護士氣，恢復祥和。

印度那次事變所拘捕的幾千人多在一年內陸續釋放；並在一次新選舉中擊敗甘地夫人而崛起執政。

後來過了一時再辦大選，甘地夫人捲土重來。她把那個法律加以修改，規定被拘禁的人隨時得向最高法院申請提審和釋放。印度這個緊急措施，於是可收維持治安之利而減少對人權的嚴重危害。

我不贊許過去的惡法

我因此聯想到，非律賓和南韓的法律都規定，凡被軍事法庭判處罪刑的人犯都可上訴於最高法院。非律賓總統馬可仕的最大政敵阿奎諾乃能在被軍事法庭判處死刑後上訴於最高法院而獲准減刑，並准赴美治病，後在哈佛大學進修，迄今尚在美國。

我這樣不憚煩的補充，顯然不是贊許印度不經審判而可長期拘留政治犯的那個惡法，我是指出它的三個救濟方法（拘禁期限至多一年，隨時可以釋放，而且准許被拘禁者向最高法院提出控訴)，使大家認知它的全部眞相，以免誤解。

其次，方才Y教授指出，美國卡特總統的人權政策是寬待潛在的敵對國家而苛待友邦；現在雷根總統則對敵對國家的人權問題雖仍無能爲力，但對友邦則以反共爲先，人權爲後，所以它們(美國友邦)應可安心而不虞受到干擾了(註：Y教授的口頭報告未見印出，上引大意，文字上可能稍有出入)。

但是根據最近的消息，雷根政府對友邦人權和政治作風的評價標準，已有相當轉變。回憶今年(一九八一年)春天，雷根提名李費佛爲助理國務卿，主管人權問題，但因李對人權不很熱心而爲參議員所反對，雷根乃在投票前夕把他撤回，不再派人。後來傳說雷根要撤銷那個人權機構，而把人權事務併入其他機構兼管，表示對國際人權問題不再重視。

雷根政府的重大轉變

但雷根政府近已決定維持現制，並提名現任主管國際事務的助理國務卿艾伯倫爲人權局局長。他出身哈佛大學法學院，現年三十三歲，曾任自由派參議員賈克遜和莫尼翰兩人的助理。從這些背景可以窺見他的爲人和政見。

國務卿發言人，在提名後發表談話指出：「個人自由和政治權利乃是我們外交政策的中心」。新人權局長的提名，便是明證。

與這同時，十一月八日美聯社電：「美國國務院保證它將對發生於世界上任何地區的違反人權事件予以抨擊，即使這困難的抉擇，將有冒犯友好國家的危險。這是雷根政府的一項重大轉變。」十一月十一日華府電訊又說：「白宮幕僚長貝克昨天說：雷根總統已批准國務院的一項備忘錄，保證美國將公開反對外國違反人權的事例。……詢以新政策是否完全依據卡特政府支持的原則，貝克說：美國的新政策是在公開聲明最有效時，即發表公開聲明，在秘密外交最管用時，即以秘密方式進行。」

四天前，我又看到法新社十二月五日電，雷根那天宣佈十二月十日爲美國人權日，以紀念一九四八年十二月十日通過的聯合國人權宣言。

雷根那天又宣佈十二月十五日爲美國人權法案日，以紀念美國人權法案（美國憲法第一批十條修正案）在一七九一年十二月十五日獲得批准。

但我國不必隨人俯仰

雷根在聲明中說：侵犯基本人權，不管是在任何時間或任何地點，不管是在富有國家或貧窮國家，絕無任何藉口。

當然，我國有自己的處境和法律，不必隨人俯仰，但Y教授既然說到美國人權政策的趨勢，我乃不揣冒昧，加以補充，仍請指教。

對中共十惡大審的看法

《聯合報》記者專訪

我願意對這回事發表兩點看法：

一、現在是一個寬容的時代，民主國家早已廢除死刑，對政治犯從輕發落，以免怨怨相報，使國家永不安定。即使許多開發中國家，對政治案件的審判，也比從前審愼得多，例如菲律賓馬可仕總統的政敵阿奎諾，雖經軍事法庭處以死刑，但仍准向最高法院申請上訴，一年前且獲准保外赴美就醫，現在仍在哈佛大學進修。韓國的金大中，經軍方及最高法院處以死刑，也經全斗煥大統領改爲無期徒刑。即使在共產國家，史達林式的恐怖統治亦已沒落，所以蘇聯政府對於索忍尼辛這樣的「反革命的叛徒」，在世界輿論的壓力下，也祇好驅逐出境，且准家屬同行。中共面對這個寬容的世界，尤其當中共要求民主國家幫它現代化的時候，也不得不勉強作出寬容的處理。

二、顯然可見中國大陸內部尚未安定，鄧小平的統治尚未鞏固，江青等尚有殘餘勢力亦未肅清，所以中共仍有顧忌，不得不對江青等特加寬容，以免急則生變。

懲戒處分和行政處分的新構想

致行政院孫院長函

運璿先生院長尊鑒：頃見報載大院正在研討如何加重行政首長對屬員之考核。弟曾有一新構想——將現屬於公懲會之撤職權仍由該會掌管，而將其他五種懲戒處分（休職、降級、減俸、記過及申誡）改名爲行政處分，劃歸行政首長行使，庶幾公務員之職位仍有適當保障，而行政紀律可望加強。弟曾寫一文收印在拙著《臺灣怎樣能更好》（第三八三頁至三八八頁），附贈一冊，以供參考，並請指正。敬頌

籌祺

陶百川　上

六月二十日

彈劾懲戒改進意見

陶百川
六月二十日

一

馬委員大文的大部分篇幅，用以檢討彈劾與懲戒和糾舉的關係而認爲諸多不當。我以爲由司法院公務員懲戒委員會裁判彈劾案，原則非不可行，而且過去也有相當成績（例如俞故院長的申誡案）。但是南韓的懲戒制度似更適當。至於馬委員所詬病的公懲會的避重就輕，敷衍結案，尤應在方法上迅予更張。

南韓國會提出的彈劾案，是由憲法委員會裁判，而該委員會的九名委員，則由總統、國會和最高法院各提三人充任之。我國如果仿行，則懲戒委員會可由總統、監察院和司法院各提同等人數組織之。任期九年，可以連任。

該委員會仍設於司法院，以符憲法第七十七條掌理懲戒的規定。其次爲求彈劾效果的加強，各國國會都對彈劾案設法追蹤而不是推出不管。例如日本衆議院設有法官訴追委員會，由衆議員選出議員二十人，於代表衆議院彈劾法官外，並監視參衆兩院合組的彈劾裁判所審理和懲戒被彈劾人員。

美國衆議院遇有彈劾案，也推代表七人，率領大批法律顧問或律師，出席參議院的彈劾審判庭（由全體參議員爲庭員），從事攻擊和防禦。

爲求彈劾案裁判的公正和公平，我以爲懲戒會議應該公開。並請監察院派員和被付懲戒人出席辯論。我希望監察院能有對簿公庭的雅量和民主風度。

二

但是關鍵則在懲戒處分必須減爲一種——撤職，或更停止任用若干年；現行辦法中的其餘五種：休職、降級、減俸、記過和申誡，都歸行政首長或上級機關掌理。於是懲戒委員會祇能在撤職或不予懲戒的二者之中擇一而爲。因而它必須格外審愼，不能再像現在這樣可用記過等處分敷衍了事了。

同時，因爲機關首長加強了對屬員的監督權（如上所述，可對一切屬員，包括簡任職人員，予以休職、降級、減俸、記過和申誡等處分，而現制則僅有對薦任職以下人員的記過權和申誡權），政治風紀可望整肅，行政效率可望提高。而因首長沒有撤職權，公務人員的職位仍有適當的保障。

如此，監察院可以多提糾舉案，程序簡易，收效迅捷，而對大官須提彈劾案，並須攻防兼施，力求貫徹。

有人或者要說，徒法不能自行，但我希望監察制度的補強，能夠連帶補強執法人員的信心和勇氣，以重振「式微」中的監察權。

六十六年七月二十日　臺北

籲請監察院補救司法院兩個解釋的缺失

一

司法院大法官會議最近就地方議員言論免責問題作了第一六五號解釋，接着又就警察官署的拘留權作了第一六六號解釋。這兩個敏感重大的問題，自從監察院申請解釋以後，拖了十多年，終於有這了斷，自是難能可貴。這當歸功於黃少谷院長的領導，一二位資深大法官的指引，以及一部分新進大法官的衝勁。我曾寫〈爲司法院新解釋欣慰憂懼和呼籲〉（見《聯合報》六十九年十一月十一日第三版）表示欽佩。

可是這兩個解釋都不免帶着後遺症，我因而不無憂慮，於是在前文中建議兩點，企圖補救。現在我更有一些新構想，值得加以補充。

二

先說關於第一六五號解釋者。監察院的申請案是請問：地方議員是否依照憲法保障中央民意代表言論免責權的精神，也應享有免責的權利？這是針對司法院釋字第一二二號解釋而來，後者主張：「地方議會議員在會議時所爲之言論，應如何保障，憲法未設有規定，本院院解字第三七三五號解釋，尚不發生違憲問題。」監察院不以爲然，申請大法官會議依法予以變更。

最近大法官會議對此研討的結果，認爲：「地方議員在會議時所爲之言論，並宜在憲法保障中央民意代表言論之精神下，依法予以適當之保障」（第一六五號解釋）。既然如此，則該解釋自應寫作：「地方議員在會議時所爲之言論，應在憲法保障中央民意代表言論之精神下，依法予以適當之保障。本院釋字第一二二號解釋應予變更。」或用監察院申請文中的用語寫作：「比照憲法保障國民大會代表及立法委員監察委員言論之原則，地方議員得受言論免責權之保障，實與憲法之精神相符合。本院釋字第一二二號解釋，應予變更。」這樣改寫就不越出大法官會議的職權，而又不致留下後患，豈不盡善盡美！

至於地方議員如果因而濫用言論免責權，則何種情節不能免責？違法或「顯然違法」的言論是否仍可免責？自有法院通過三級三審去審理，去認定，去判決，大法官會議不可爲立法機關代加「但書」，替它（立法機關）對地方議員的言論免責權預先加上一些桎梏。這不獨侵犯了立法機關的職權，也妨害了法院的自由裁量。

三

其次請看第一六六號解釋。

該解釋確認：「爲加強人民身體自由之保障，違警罰法有關拘留役由警察官署裁決之規定，應迅改由法院依法定程序爲之，以符憲法第八條第一項之本旨。」這是說，遵照憲法第八條第一項，警察官署沒有拘留人民或罰役的權力。這也是說，違警罰法有關拘留罰役的規定，顯與該條憲法相牴觸。大法官會議雖沒有使用「牴觸」兩字，但任何稍懂文理的人，都知道經這解釋以後，二者不能併存，而依憲法第一百七十一條：「法律與憲法牴觸者無效」，警察官署以後自不得再依違警罰法作拘留或罰役的裁決。所以我在前一文中，呼籲行政院即速令警察官署將應處拘留或罰役的違警人，一律處以罰鍰，不得再處拘留或罰役，以重法治。同時迅速制訂新法，將違警拘留罰役的裁判權改交法院掌理。

好在違警罰法所規定的違警行爲，都可處以罰鍰，不是非處拘留不可。按該法所規定的違警行爲及其處罰辦法，共爲七大類，分別規定在二十五條中。例如第一類「妨害安寧秩序之違警」，共計六條，其中屬於第五十四條所規定的，可處七日以下拘留或五十圓以下罰鍰；屬於第五十五條所規定的，可處五日以下拘留或三十圓以下罰鍰；屬於第五十六條所規定的，可處三日以下拘留或二十圓以下罰鍰；屬於第五十七條所規定的，可處三十圓以下罰鍰；屬於第五十八條或第五十九條所規定的，可處二十圓以下罰鍰或申誡。

依照以上規定，沒有一種違警行爲必須處以拘留，而都可處以罰鍰，其中最後三條的行爲，且祇許罰鍰，不得拘留。其他「妨害交通之違警」，「妨害風俗之違警」，「妨害衞生之違警」，甚至「妨害公務之違警」和「妨害他人身體財產之違警」，換言之，一切違警行爲，都可以處以罰鍰，不必甚至不得處以拘留。因爲一切違警行爲，情節都很輕微。至於較嚴重的不法行爲，依照刑事法規，自當仍由警察官署移送法院依刑法處罰，自不待言。

所以警察官署，祇要不處拘留，仍可依照違警罰法處理一切違警案件，以維護安寧秩序。於是司法院解釋，憲法第八條第一項和第一百七十一條的尊嚴都可兼顧了。豈不善哉！

但這究竟是權宜之計，國家的拘留權不應這樣長期凍結，所以替代違警罰法的新法以及研討中的治安法庭必須從速完成立法程序，把拘留權或罰役權早日交給法院。

有人或者會顧慮法院的負擔必將因而加重，人手必將不敷應付，從而推拖敷衍，又蹈法院改隸案的覆轍。但我以爲不成問題，毋須多慮。因爲去年全省違警處罰案件總計雖有十一萬五千五百件，但裁處拘留的祇有二萬一千五百零六件，平均每月僅一千七百九十二件，而全省共有十五個地方法院，如果改交他們處理，平均每一法院每月僅須處理拘留案一百十三件，一位法官就能勝任，眞可說是輕而易舉。至於罰役案件，全省全年祇有三十件，自更不成問題了。

懍於法院改隸案的解釋一拖十餘年方得實施，勞動基準法又拖十餘年尚未定案，我深恐有關違警處罰和治安法庭的新法不知又將拖至何時方能完成立法程序，那麼縱使有了司法院第一六六號解釋，警察官署仍將在該解釋的「姑息」氣氛中繼續違背憲法，拘留人民，且會歷時很久，所以我不得不作此呼籲，以彰法治，從而促使政府早日把拘留權和罰役權交給法院。

四

在我國往昔的法家中，我最欣賞管子，甚至孔子也說：「微管仲，吾其披髮左衽矣。」我現在引用他（管仲）的一句金言：「君臣上下貴賤皆從法，此之爲大治」，作爲本文的題目，以「畫龍點睛」。我希望大法官會議能有納言的雅量，更希望行政院能採納我這建議，並請監察院能加以督促。人權幸甚！憲政萬歲！

我敬向監察院建議兩點：

一、關於釋字第一六五號解釋，請監察院申請司法院再加解釋，予以變更。

二、關於釋字第一六六號解釋，請監察院向行政院函請令飭警察機關不得行使拘留權和罰役權（可改處罰鍰），並請它早日完成「社會安寧秩序維護法」的立法程序，把拘留權和罰役權改交法院行使。

六十九年十二月十二日

誰能爲司法院提案權點睛？

相傳有一張姓畫家在南京廟中壁上畫了四條龍，但都沒有點上眼睛。因爲他說，點上眼睛，它們就會飛去。有人不信，替一龍點了眼睛，它果然破壁飛騰而去。其餘三龍，則仍留壁上。現在我用這個故事，呼籲監察院請爲司法院的提案權點上眼睛，好讓它也能飛騰，也可就所掌事項向立法院提出法律案，而不致受制於行政院，以確保司法獨立。

一

依照我國憲法，行政院有廣大的提案權，考試院則有關於所掌事項的提案權。監察院的提案權，憲法並無明文規定，所以關於監察院和監察權的法律，在民國四十一年七月前，該院都須商請行政院代提。試想監察權，特別是它的審計權，都是以行政院爲主要對象，如果行政院稍有偏私，或意氣用事，不能與監察院充分合作，不肯替它提出對行政院有所不便的法律，則監察權怎樣尙能發揮和貫徹！於是該院（監察院）乃在民國四十一年聲請司法院解釋，後者乃以釋字第三號解釋，確認：「監察院關於所掌事項得向立法院提出法律案，實與憲法之精神相符。」於是監察院也有了提案權。從此中央政府的四條龍，祇有司法院尙不能向立法院提案。

實則司法院提案權的眼睛，已經釋字第三號解釋代爲畫好。因爲它說：「我國憲法，依據孫中山先生創立中華民國之遺敎而制定，……建置五院。本憲法原始賦與之職權，各於所掌範圍內，爲國家最高機關，獨立行使職權，相互平等，初無軒輊。以職務需要言，監察、司法兩院各就所掌事項，需向立法院提案，與考試院同。考試院對於所掌事項，旣得向立法院提出法律案，憲法對於司法、監察兩院就所掌事項之提案，亦初無有意省略或故予排除之理由。法律之議決，雖爲專屬立法院之職權，而其他各院，關於所掌事項，知之較稔，得各向立法院提出法律案，以爲立法意見之提供者，於理於法均無不合。」於是司法院的提案權，可謂「呼之欲出」，點睛就飛。

二

可是因爲監察院當年聲請解釋時祇是爲了自己的提案權，沒有爲司法院點睛，所以司法院迄今還沒有這個權。現在爲求功德圓滿，祇有聲請司法院予以補充解釋。我在做監察委員時曾經一再敦促該院自己點睛。但因行政院不願放手，於是它就不敢伸手去要。這眞有如所謂「周瑜打黃蓋——一個願打，一個願挨」，旁人簡直愛莫能助。

話雖如此，可是這究竟是一件國家大事，追求司法獨立的人，不可坐視它拖延不決。回憶法院改隸案經司法院解釋確定，而竟拖了十餘年方始實施，主要原因就是行政院不肯將行政、司法兩院會商決定事項向立法院提出有關法律的修正案。如果司法院早有了提案權，高、地法院的改隸十年前應已完成立法程序而實現了。基於同一原因，如果司法院再不能有提案權，而仍須央請行政院代它提案，則司法獨立終將受行政的掣肘而使它的精神和功能大打折扣。

鑒於周瑜願打而黃蓋願挨，行政院或司法院都不會把司法院的提案權聲請解釋，它可能將永遠凍結。於是監察委員陳翰珍先生乃決心為它點睛，於本月十四日向監察院院會提出這樣一案：「監察院關於所掌事項得向立法院提出法律案，業經司法院釋字第三號解釋予以確認，但關於司法院是否亦有提案權，該解釋雖曾提及，而意義不明，分歧堪慮，且因目前審檢分隸，司法院所掌事項法律之提案權問題，更有解決之必要，用特提請函送司法院補充解釋見覆。」

三

據載陳委員因該案已有監察委員五十三人的多數連署，認為應可順利通過，但討論結果則「交司法委員會審議後再提院會討論」。所以該案最後能否成立，自尚難知。而因它關係重大，影響深遠，於是值得加以研討。

依照十五日《聯合報》的報導，反對該案的主要理由，是「認為監察院在行使職權並未與任何機關發生爭議，由監察院來提是否適當」或「適格」。按：這個理由載在大法官會議法第四條，自是聲請解釋的重要條件。陳委員的提案似乎並不具備這個條件，所以不應聲請解釋。

但是陳委員提案的理由，並非基於這一點，而是基於該條另一規定：「中央或地方機關，於其行使職權，適用憲法發生疑義者。」

此外，該條另有規定：「中央或地方機關……適用法律與命令，發生有牴觸憲法之疑義者。」監察院也常用它以聲請司法院作解釋。

以上兩點規定，顯然都是以憲法「疑義」而不是以憲法「爭議」作爲聲請解釋的理由。陳案的法律依據，顯然也是「疑義」，而不是「爭議」。

同時，陳案又明白指出，他是賡續釋字第三號解釋聲請司法院就該院有無提案權的憲法疑義加以澄清，這就是通常所謂「再解釋」或「補充解釋」。它的法律根據，是司法院釋字第二十七號解釋，原文如下：「查大法官會議第二十九次會議臨時動議第一案決議『中央或地方機關就其職權上適用法律或命令對於本會議所爲之解釋發生疑義聲請解釋時，得認爲合於本會議規則第四條之規定。』本件，係對於本院釋字第六及第十一兩號解釋發生疑義，依照上項決議，認爲應予解答。」

四

與這解釋的精神完全相同，陳案是因對於司法院釋字第三號解釋發生疑義，聲請再加解釋。依照該第二十七號解釋，司法院自應「認爲應予解答」。於是監察院自可聲請司法院再加補充。

而且，也是幸而，司法院大法官會議對於監察院的聲請案，一向從寬受理。依照一位大法官在一份意見書中所透露：「㈠依照過去類似情形，本會議對於監察院函請解釋之案件，均已受理，本案自應受理。㈡監察院收受人民書狀予以處理，即係行使職權。㈢爲求發揮本會議解釋功能起見，對於聲請解釋之要件，宜予放寬。」

賴有大法官會議這樣的恢宏氣度和法治精神，監察院乃能以聲請解釋的方法爲自由民主和法治點了許多眼睛，包括警察官署拘留違警人的職權，不合憲法第八條的規定，地方議員就會議事項所爲之不法言論應予保障，臺灣高等法院和地方法院的隸屬於行政院，與審判獨立的憲法規定顯相牴觸。

監察院有着這樣輝煌的傳統，我期待該院能通過陳翰珍委員等五十三人的提案，爲司法院的提案權點上眼睛，使它能夠飛黃騰達，散放民主法治的異彩。

七十年六月十六日

書刊檢查爭議的仲裁制度

一、一個建議

我爲維護言論自由以及美化文宣人員，年來多次建議要辦好書刊檢查工作。這種檢查，本來包含事前和事後。事前檢查在抗戰時期曾經施行。那時政府設有圖書雜誌審查委員會，出版人必須先將原稿送請檢查通過方得付印。這當然違背言論自由和出版自由，現在不能再做。於是祇好代之以事後檢查。

現行辦法：政府發現出版品有違法記載時，就不准出售和郵寄，甚至將它全部沒收。如爲刊物，則多一併處以停刊一年。但實際上則所謂違法記載，有時祇是幾句或幾段，如此重懲，難免惹起輿論對政府的譴責，後者的形象也因而醜化了。這對公私都有損害，我曾多次呼籲改善。

最近聽說警備總部發現《政治家》半月刊第十二期社論兩篇都有不妥之處，在它發行前，派員與它協調，由它修改重印。最近該刊第十三期又有一篇社論經主管機關認爲不妥，結果全文刪除，改版重印。該刊雖很合作，但總不以爲然，在〈發行人的信〉中公開呼籲：「希望新聞局、警備總部和國民黨中央黨部文化工作會的負責人員能夠再坐下來，冷靜地重讀這篇社論。如果沒有問題的話，我們準備下一期把它發表出來。」

究竟該社論內容如何，我不得而知，不敢妄斷。但既發生爭議，最好找一解決途徑。依照美國制度，則由法院裁判。我則建議採用仲裁辦法。第一步由出版商向上級機關提起訴願，第二步由受理訴願機關通知雙方當事人（處分機關和被處分的出版商）各推一人，再由這兩人互推一位第三者，而由他們三人舉行協商和公斷，將其結果報告該訴願受理機關參照裁決。

有人以爲受理訴願機關本設有訴願委員會，毋須請人仲裁。但鑒於時下「官官相護」的作風，所有訴願委員會甚至行政法院多已變成聾子的耳朵，不堪信任。祇有這樣變法圖公，方能使人信服。

回到《政治家》半月刊事件，第十二期的協調修改以及第十三期的協調删除，一反過去不教而誅和焚琴煮鶴的獨斷作風，較前已有進步。希望這種政治解決的精神也能應用於其他刊物，並望參照本文辦法，加以改良，以求和諧和進步。

七十年八月三十一日

二、一些補充

惠函兩通，俱經拜悉。

承示雜誌關於核子武器一社論之協調解決，具徵先生之愛心、苦心及耐心。謀國之忠，處事之慎，對人之恕，本當如此，甚善甚美。蓋如轉一個彎，繞一個圈，而仍能到達目的地，則何必勞師動衆，橫衝直撞，以致頭破血流，鷄飛狗跳。甚望大部此項精神及辦法亦能應用於其他書刊，國家幸甚！

至於前所建議之仲裁辦法，承示頗有意義，不無採用可能，良用欣慰。其實仲裁有類於民刑訴訟程序中之鑑定，但更富於民主色彩，仲裁決定即使爭議違背當事人之意願，但較之出於官府之專斷獨行更能使其口服甚至心服耳。

七十年九月二十一日

統一中國，任重道遠，談何容易，試求它的原則和模式。

我對葉劍英談話的初步反應

——中共應提出更高層面的政策方針

昨（三十日）晚《聯合報》記者要我就葉劍英的統一談話，發表意見，但因那時該報電話線太忙，未能告知，因而該報也未登我的意見。現在補錄於左：

「臺灣海峽兩邊的中國人都在希望國家早日統一，使全體中國人都能享受自由民主安全寬裕的生活。但是如果照葉劍英的條件去統一，共產制度勢必原封不動，三民主義則被置之腦後，那麼不獨這裏的中國人現有的自由民主安全寬裕的生活失去保障，大陸的中國人自更沒有幸福可期，所以他的統一云云仍屬空談。

「我希望中共能夠提出更高層面的方針政策以及作出更高境界的事實表現。」

按：我所謂「更高層面」是指國家層面，也就是中華民國和「中華人民共和國」那個層面。中共不得祇就臺灣省這一低層面做文章。記得蔣總統也曾說過：祇有中國問題，沒有臺灣問題。而談到國家問題，就須觸及統一程序、權力劃分、統治形式和立國原則等大問題。中華民國已經指出三民主義和平統一的道路，中共對這些問題將提供甚麼方針政策呢？

七十年十月一日

中美關係三字之爭

——「上海公報」十週年一些回憶

美國與中共簽訂上海公報，今天恰滿十週年，而《中國時報》正在陸續譯載作爲上海公報紅娘的季辛吉的第二卷回憶錄《動盪時代》。這兩事使我回憶到我在一年多前閱讀該書第一卷《白宮歲月》原著所得的最深刻的印象，中美關係三字之爭。現在摘述成文。

上海公報的初稿，在季辛吉第二次中國之行（一九七一年）就已經寫好，但在第三次之行（一九七二年）定稿時仍起很大爭執，主要是在臺灣問題那一段。

茲將其中最可注意的三點敍述於左：

一、上海公報中關於臺灣部分是採「各說各話」和「自說自話」的寫法。一九七一年第二次中國之行，季辛吉隨身帶去一個公報的草案，其中臺灣部分的寫法未爲中共所接受，而中共所提出的，季辛吉也不能贊同。於是周恩來等乃想出那個「各說各話」的寫法。但中共對美國所說的話，曾仍一再要求修改。

季辛吉在回憶錄第一卷中特別指出，中共在它自己所說的一段中固然說臺灣是中國的一省，同時堅持美國在它一段中不得說臺灣是「中國的一部分」(a part)，而須代以「一省」。美國不肯，最後中共也無法強求，所以還是「各說各話」。

據季辛吉的解釋，美國所以要堅持使用「一部分」字樣，是不想使人認爲美國已承認臺灣已隸屬於中共(Eliminating a suggestion of subordination)（頁一〇七九）。

我的推測，是美國一直有「兩個中國」的想法，不得已而求其次，也得把臺灣當作中國的特殊地區，庶幾將來卽使爲中共所統一，仍能保有高度的自治。

二、我這個推測，可以季辛吉書中所述國務院的一個建議爲論據。

季辛吉兩度與周恩來、喬冠華等商訂上海公報時，都不准國務院參加。直到定稿並經尼克森和毛澤東分別認可後，方始交與羅吉士國務卿。後者提出十五點不同意見，要求重開談判，予以修正。例如他主張把「臺灣海峽兩邊全體中國人（all Chinese）都認爲中國祇有一個，臺灣是中國的一部分」的「全體中國人」字樣改爲「中國人」（the Chinese），理由是可能有些中國人不作此想。但已定稿，未能改動（頁一〇八三）。

國務院的意思可能是反映「臺獨」及其同路人的想法，他們不獨不同意臺灣是中國的一省，也不同意臺灣是中國的一部分。季辛吉的寫法，有些折衷的意味。

三、和平解決臺灣問題是美國的希望（hope)？還是美國的利益（interest)？這是上海公報草擬時雙方最重要的歧見，出入很大，爭執很久，費力很多。中共要求用「希望」而不用「利益」，認爲美國對臺灣不應主張甚麼利益，但美國則堅持用「利益」字樣。經過三次折衝，中共最後還是接受了美國的立場（頁一〇七五，一〇七七，一〇七九）。

惟其臺灣是美國「利益」之所在，美國對臺灣問題方有發言權，方可有今天的臺灣關係法，並預留將來可能採取其他措施的權利和餘地。

上文所提的三個字，「一部分」而非「一省」，「全體」中國人而非一部分中國人，美國的「利益」而非僅「希望」，對臺灣的現狀已經發揮，對它未來的處境並將發生重大而微妙的作用，但未必爲一般人所注意，故特寫出，以供參考。

七十一年二月二十八日

季辛吉談第三次世界大戰的火藥庫

年來世界戰略家紛紛推測，第三次世界大戰將在一九八五年爆發；導火線將在中東及其石油；戰爭主角當然是美蘇兩國。

他們所持的理由是蘇聯現在雖爲石油輸出國，但到一九八五年將變爲輸入國，那時它將無力供應東歐各國所需石油，因此可能喪失它對它們的控制。於是它將加強對中東的滲透顚覆，以取得油源，從而與美國發生武裝衝突。

英美兩國的戰略家都持這樣的看法，但美國中央情報局最近變更了預測，認爲蘇聯石油輸出可以維持到一九八〇年代末期，美蘇衝突也就可望延緩。

日本《讀賣新聞》最近以此詢問美國前國務卿季辛吉。他說：蘇聯遲早將變爲石油輸入國，但並非因此就會導致戰爭，這尚須看其他各種因素。例如蘇聯可能與伊朗成立合作關係，而不必以武力佔領伊朗，以取得伊朗的油源。又如蘇聯政治局平均年齡現爲六十九歲，領導中心人物的平均年齡則爲七十三歲。布里茲涅夫必須在一、二年內指定他的繼承人，內部將有一段時期不能穩定，它就不可能干冒戰爭的危險。但是季辛吉指出，蘇聯如果侵犯波斯灣，則美蘇戰爭大約就會爆發了。那時臺灣海峽的情勢將會怎樣演變呢?我們必須預作綢繆!

七十年八月二十五日

苦撐待變，造勢復國，最先和最後
都得靠精神動員，應以何事為重？

「三年有成」五事尚待努力

蔣總統就職已滿三年，現在我國風調雨順，國泰民安，但是三年中未始沒有受到嚴重的衝激。首先是中美斷交和美國廢止中美共同防禦條約。後來又有高雄暴力事件。近來因能源危機，經濟也遭遇困難。三年來幸而蔣總統莊敬自強，愼謀能斷，勤政愛民，而愼謀能斷是智，勤政愛民是仁，莊敬自強是勇，蔣總統便是以這智仁勇的「三達德」領導我們殷憂啓聖，多難興邦。

但是居安思危，我要指出，過去那些衝激不免還留有一些後遺症，我們尚須努力克服。

同時又有許多新問題將在未來三年中對我們作更嚴重的考驗。我現在舉出五項：

第一、世界大戰在未來三年中能否避免？如果大戰爆發，臺灣海峽兩邊的情勢將會發生何種突變？對我們利害如何？我們將如何因應？

第二、如何貫徹三民主義統一中國？這個政策如果失敗，整個中華民族將會遭受何等災禍？我們應如何善後？

第三、團結和諧乃是社會安定和國家安全的必要條件，這包括朝野意見如何溝通？政治參與如何擴大？暴戾之氣如何疏導？一言以蔽之，民主法治如何加強？

第四、能源危機不獨仍將持續，而且世界其他資源也正日漸匱乏。我們必須實踐勤儉建國，就是以勤開源，以儉節流。但這還嫌不夠，而且現在做得也不切實，如何發展科技，改進管理以及開拓外銷，也是當務之急。

第五、「建設之首要在民生」，但民生不僅是人民的生活，也是社會的生存和民族的生命，而像現在這樣奢侈浪費，貪汚淫逸，不獨敗壞社會風氣，妨害民族品質，也必影響我們的生計和生命。但是空口說敎，已難收效，必須「導之以政，齊之以刑」，或者尙能挽救。

以上五項，談何容易，但我相信蔣總統必能善用他的賢能和聲望，領導全國軍民共濟時艱。天佑中國！天佑蔣總統！

(附載)台灣應該更好！

賀男(寄自普林斯頓大學)

行政院長孫運璿在今年國建會閉幕時，曾提出兩句漂亮的口號作總結，並以此爲全體國民的共識。其中一句是由陶百川先生的「臺灣好，臺灣要更好」改頭換面而來，亦即「自由中國好，自由中國要更好」。這句話不但漂亮，斯時斯地，意義尤其深遠。筆者在此無意爲這句名言作註解，祇是因這句話興起許多感想，不吐不快。

如何稱呼至爲困擾

首先，有關我國的稱呼，一直就是個很困擾的問題。稱作「臺灣」，在我們認爲是「中國大陸」的對稱，兩者合而爲「中國」，不過是一種地域上的區分而已。痲煩的是，這種簡單明瞭的稱法和「一中一臺」論者無從區別，「臺灣」一詞的涵義遂成兩可，容易導致誤會與曲解。

稱作「自由中國」，表示我們是「自由」的「中國」，與「紅色中國」的「視民如草芥」成爲極鮮明的對比，望詞生義，優劣立判，可謂一語道盡「中國問題」的本質。不過，同樣有痲煩，說「自由中國」，當然暗扣着一個「不自由中國」，亦卽「紅色中國」，因而成爲「兩國中國」，這和政府一貫的立場不符。

最後談到「中華民國」。記得有一位讀者，曾經投書《時報周刊》海外版（國內版是登在《時報雜誌》上），大意是說，該刊有某報導，口口聲聲「臺灣的建設」如何如何，而不說「中華民國的建設」，不知是何居心云云。這位讀者希望大家都稱我們自己的國家「中華民國」，其愛國之心，自是可敬可感，可惜，事情有時並沒這麼單純。

中華民國政府對外宣稱擁有中國大陸的主權，祇因大陸一時未收回，以故暫時無法在淪陷區行使主權而已。所以「中華民國」所代表的，實不僅臺、澎、金、馬一隅而已，還包括整個中國大陸在內，「中華民國全圖」上甚至還包括蒙古地方（亦即「蒙古人民共和國」，中華民國未予承認）。明乎此，「十大建設」是「中華民國政府在臺灣地區的建設」之一，說「臺灣的建設」，就如前文所說，固然容易導致誤會或曲解，但以「十大建設」爲「中華民國的建設」如何如何的主要例證，卻顯然誤以「臺、澎、金、馬」爲「中華民國」，也不正確。

應視場合分別稱呼

由此看來，「臺灣」、「自由中國」、「中華民國」三個稱呼，都沒有絕對的對錯好壞，至於用那一個才恰當，自然應該視場合而定。例如，陶百川先生的「臺灣好，臺灣要更好」對內好，對外則孫運璿院長的「自由中國好，自由中國要更好」要更好。此外，在正式的場合，自然是以「中華民國」、「自由中國」爲上，站定立場。

筆者最近碰到一個例子，或者不無參考價值。

問：你來自那裏？

答：中國。

問：臺灣還是大陸中國？

答：臺灣，也叫「自由中國」，正式名稱是「中華民國」。

由此開端而聊到中國現勢，問的人若有所悟，答的人也有一份被了解的滿足。

假如要給中華民國政府三十年來在臺灣地區的施政下個考語，恐怕再沒有比陶百川先生的八字眞言「臺灣好，臺灣要更好」更傳神的了。

以往無黨籍人士競選時，總要把國民黨政府批評得體無完膚，仔細考究起來，其中自然不乏無可辯駁的事實，有些則無疑是由隔閡而起，隔閡易生誤會，因誤會而愈隔閡，演成惡性循環，終至產生不必要的對立。也就因爲部分無黨籍人士一味批評，有些人就認爲他們有意抹煞國民黨的成就，「爲批評而批評」，因而憤憤不平，彼此各執一詞，眞所謂「公說公有理，婆說婆有理」。

平心而論，三十年來，國民黨政府在經濟和教育上都有相當輝煌的成就，至少這是數百年來臺灣首度達到豐衣足食、教育普及的境界，此所以「臺灣好」。「臺灣好」當然也包括政治上相當程度的開放在內，但很顯然地，單就這一點說，無疑「臺灣要更好」。三民主義是一種打不平的主義，民族主義如此，民權主義（政治）、民生主義（經濟）也莫不皆然。祇要我們社會，在政治、經濟上還有不公、不平的現象存在，我們就要說：臺灣要更好。

孫院長的話含義深

「臺灣好」，這是三十年來大家共同開創的成果，誰也不能單獨居功，誰也不能抹煞。可是，這就夠了嗎？當然不是，臺灣還要更好！

「臺灣要更好」，在野的人講這話，包含着諒解與期許；在朝的人講這話，則有自勉與承諾的雙重意義在內。

陶百川先生恰如爲民請命，以「臺灣好，臺灣要更好」肯定、諒解進而期許國民黨政府好求更好；孫運璿院長以同一句話自慰、自勉進而承諾國民黨政府好求更好的誠意與決心，其意義可謂至深且遠矣。

原載《時報雜誌》

怎樣創造有利形勢？

申論蔣主席的提示

上月十五日，中國國民黨主席蔣經國先生在中央常會提示「堅忍自強」和「勤儉建國」，勗勉全黨同志和全體軍民，以克服橫逆衝擊，「創造有利的形勢」。

一個多月來，我盱衡國內外情況，益覺他那些話確是眞知灼見，應爲國人所刻骨銘心，共同力行，因而加以申論。

一

細味蔣主席的通篇談話，我體會到他似乎有三種情況或三個問題看在眼中，橫在心頭。第一是中共破壞我們政治團結的陰謀活動。他說：中共「對於如何打擊我們，不僅並未放鬆，而且更加積極，匪黨中央特設對臺工作機構。他們的工作，就是加強對我們的滲透分化，破壞我們的政治團結，所以我們對共匪這些陰謀活動，必須時時刻刻提高警覺，一定要全力防制撲滅。」

對於這種情況，蔣主席提醒黨人和國人必須格外「堅忍」，必須格外站穩立場，洞明利害，不爲中共所煽惑和分化。

第二，蔣主席所關切的，還有國際情勢特別是中美關係。他指出：「大家對於最近中、美關係的發展，都非常關切。我認爲，從雷根總統就職以後的言論和行動來觀察，他有理想、有原則，也有道德勇氣。他在思想上是反共的，認爲共產主義與共產勢力，乃是人類文明的最大邪惡。雷根總統主持正義公道的精神，爲全世界有識之士所欽佩。……相信今後中美共同有利的關係必將隨時間逐步改進。」

但蔣主席緊接着提醒大家必須提高警覺，堅定自強，惟有自強不息，方能克服重重困難阻礙，致力國家建設，使我們的力量不斷強大。

二

第三，蔣主席年來特別關切大家能否克勤克儉，勤儉建國。他指出：「多年的安定，建設所帶來的經濟繁榮，雖然使人民的生活不斷得到普遍改善；但是，我們所賴以生存和發展的『堅忍自強』精神，也在無形中受到影響。由於若干人居安而不思危，因此忘記了勤儉樸質的美德和實事求是的精神，忽略了本身對國家應負的責任；今後我們必須切實振作『堅忍自強』的精神，努力勤儉建國，從加強自我奮鬥與自身力量，來創造有利的形勢。」

蔣主席這些提示，原已深切著明，毋須贅述，但我願把聯想到的「創造有利形勢」的另一些道理寫將出來，作爲申論。以爲桴鼓之應。那就是民國二十三年先總統　蔣公爲新生活運動所倡導的禮義廉恥。他在新生活運動綱要中提示：「禮義廉恥不獨可以救國，且所以立國」。這也就是管仲所說：「禮義廉恥，國之四維。四維不張，國乃滅亡。」

那是「九一八」日本侵我東北的第四年和「一二八」淞滬血戰的第三年，寇深國危，而國際間則公道不彰，正氣消沉。而且內而中共作亂，殘部西竄，洪流擴散，隱患愈深。但國民生活則仍「粗野卑陋」，「爭盜竊乞」，「亂邪昏懦」，不足以擔當安內攘外的重任。

三

拔本塞源，提綱挈領，蔣總統認爲必須先以禮義廉恥化導人心，端正風俗，以期全體國民都能精神動員，共赴國難，於是乃有那年二月十九日的新生活運動，倡導禮義廉恥作爲國民新生活的指導原則。

我把新生活運動分爲兩大階段。第一階段是在對日抗戰爆發之前，它要求把禮義廉恥實施於食衣住行之中，意義原很簡單，但成效卻頗顯著。五年以後，到了抗戰期間，國民必須厲行戰時生活，新生活運動乃進入第二階段，它的要求也更充實和嚴格。

先總統蔣公對禮義廉恥的兩次解釋便足以說明這兩個階段的標準和重點。爲淸眉目，我把它們列表比較如下：

國之四維	第一階段的解釋	第二階段的解釋
禮	規規矩矩的態度	嚴嚴整整的紀律
義	正正當當的行為	慷慷慨慨的犧牲
廉	清清白白的辨別	實實在在的節約
恥	切切實實的覺悟	轟轟烈烈的奮鬥

上列第一階段的解釋，發表於民國二十三年五月十五日，第二階段的解釋，發表在二十八年二月十九日新生活運動五週年告全國同胞書。國家兩次處境不同，所以新生活運動的要求和禮義廉恥的意義也便有所增進。現在四十七年後如果再要提倡第三階段的新生活運動，則因國家處境的更艱難，而國民生活似更不足以共抒艱危，它的意義自必更須求新，而禮義廉恥的要求和解釋，也須更進一步而有所增益了。

四

本這認識，我以為第三階段的新生活運動應把它的指導原則禮義廉恥推進到這樣的境界：

——以法治輔禮

——以民主爲義

——以勤儉養廉

——以督責明恥

禮是道德規範，重在自發自動，不像法律或紀律那樣必須強制執行。所以禮法相比，禮的境界自高於法。可是人類難免尚有惰性和私心，自古已然，現在世風日下，人慾橫流，勸善儆惡，正風勵俗，禮恐已無能爲力，所以必須動用法律。

其實，先總統蔣公在新生活運動綱要中雖強調轉移風氣有賴於教育和風俗，然也不得不提醒國人：「質言之，當以勁疾之風，掃除社會上汚穢之惡習，更以薰和之風，培養社會上之生機與正氣；負此重大使命者，唯新生活之運動。」

這裏所謂「勁疾之風，掃除社會上汚穢之惡習」，就是法治及其功效。所以禮須輔之以法治，方能達成「規規矩矩的態度」和「嚴嚴整整的紀律」，《孝經》《禮記》的嘉言已不夠用了。

五

其次說義。依照蔣公「義者宜也，義卽人之正當行爲」。所以處今之世，義的內涵，也就是「宜」和「正當行爲」，應該莫大於民主。因爲我國的內政是民主憲政，外交是民主陣容，國內各階層的力量要靠民主來團結，海外和大陸的人心也要用民主作號召，使其認同和回歸於中華民國。簡言之，一切反共復國和建國的大業，無一不有需和有賴於民主。所以我們必須強調「以民主爲義」。

至於「以勤儉養廉」，今日尤爲必需。因爲在經濟財政的意義上，勤是開源，儉是節流。現在經濟發達，人各有業，個人的收入卽使爲數不多，最低生活都應不成問題。如果再能克勤克儉，官吏便毋須貪汚。

反之，如果不能勤，則經濟不能成長，貿易不能發達，國家自必貧困，如果不能儉，則奢侈浪費導致搶奪貪汚，社會必將崩潰。

但是現在一些不肖官吏的貪贓納賄，何嘗是爲了薪津不能維持生活而犯法，所以勤儉和廉潔對他們沒有多大意義可言。救治之道，看來祇能乞靈於我的第四個原則：「以督責明恥」了。

六

明恥的功夫，依照新生活運動的本旨，應該以個人的「存養省克」爲主，而一談督責，便涉政刑。可是無恥之徒，何能會下「存養省克」的功夫！所以不能不靠外力干涉。正如韓非子所說：「今有不才之子，父母怒之弗爲改，鄉人瞧之弗爲動，師長敎之弗爲受。夫以父母之愛，鄉人之行，師長之智，三美加焉，而終不動其脛毛，不改。州郡之吏，操官兵，推公法，而求索姦人，而後恐懼，受其節，易其行矣。故父母之愛，不足以教子，必待州郡之嚴刑者，民固驕於愛，聽於威矣。」

提到督責，我們就會想到政府，以爲應由政府負責督責。對於無恥之徒，政府自是責無旁貸。但對有些無恥的事，無恥的人，無恥的案或無恥的風氣，政府本身有時不能依法處理，有時不能以身作則，以致風行草偃，爲害更大。

言念及此，我不得不籲請政府本身首應督責自己革新生活，以法治輔禮，以民主爲義，以勤儉養廉，以督責明恥，以堅忍反共，以自強救國。誠能做出成績，樹立楷模，必能上行下效，帶動全國。創造有利形勢，實深利賴。

七十年八月二十二日

如有宵禁該多好！

目前警備總部告訴國建會人士：臺灣雖實施戒嚴，但並不實行宵禁。這是否表示政府的德意呢？政府可能有這樣的看法，但我則以為既須戒嚴，何不宵禁！因為宵禁雖有好多壞處，但至少對勤儉二事則有好處。

宵禁如定在晚上十二點鐘，則很多人必須在十一點半左右回家，於是第二天就可早起，而「早起三日當一工」，「一日之計在於晨」，這就自然而然的實踐了蔣總統勤儉建國的「勤」字。

實施了宵禁，各種娛樂場所，都須提早休業，不能再像現在這樣燈火通明，笙歌達旦，則在節約能源和個人的精力外，金錢消耗，也必減少。這是「儉」的強迫實施。

配合宵禁，警察機關當然可發通行證，使有必須夜行的人，尚可通行，以資補救。

實踐勤儉建國，我們似有實施宵禁的必要。

七十年七月十四日

臺灣政治情勢的轉變

民國七十年六月二十五日，香港《中報月刊》在臺舉辦一次座談會，討論主題是「臺灣政治情勢的轉變」，包括四個子題：

一、去年的選舉與立監院的新形勢，
二、對於國民黨十二全大會的評估，
三、今年底及明年初的地方選舉，
四、臺灣民主政治發展的前途。

參加者七人，張忠棟、胡佛、楊國樞、李鴻禧四位臺大教授以及康寧祥立委、《自立晚報》總編輯吳豐山和本書著者。由張教授主持。

一個有趣的統計：這張名單，包括國民黨員三人，無黨籍者四人；本省三人，外省四人；政治學者四人，政治行動家（西洋術語稱為「政客」）三人，可謂洋洋大觀，可能反映多方面的意見，乃是很高明的安排。

本文祇採錄了本書著者的發言要旨，共分四節：

一、增額選舉與國會新形勢

剛才聽到康委員談到立、監兩院的特性，說立法院和監察院祇能稱爲「國政諮詢會議」而不能稱爲最高民意機關，對這點我同意一部分。我認爲立、監兩院三十年來的歷史，可分爲兩個階段，而以民國六十一年爲分點。從民國三十七年到民國六十年這個階段，我覺得立、監兩院的成員，代表性相當充分，堪稱爲民意機關，他們所發揮的功能和貢獻也稱得上可圈可點。但是因爲任期和選舉的凍結（依法律其實不是任期的凍結，而是代表選舉的凍結，因爲他們的任期早已屆滿，祇是繼續行使職權而已），使立、監兩院的正常功能漸趨衰退，若無去年的大量增額，立、監兩院已有成爲「國政諮詢會議」的病態。

我因爲作了多年的監察委員，第一是身歷其境，深感中央民意機關有補充新人的必要；第二是由於在五十六年，監察院有位丘念臺委員過世，引起我對此事的注意。當丘委員過世時，我向監察院提了一個案子，要求行政院辦理丘委員遺缺的補選。行政院加以討論後，拒絕了監察院的建議，理由是：丘委員的任期早已滿了。但我認爲當時監察院祇有五位臺灣省的代表，未免略嫌不足，既有一位監委因過世而出缺，自應由臺灣選出一人來補缺。

鑑於立法院所通過的法律和預算都僅適用於臺灣地區，與臺灣人民關係自很密切，怎麼可以不讓臺灣人民在立、監兩院有更多的代表和更多的權力呢？因此，我從五十六年開始就常撰文大聲疾呼要增選立、監兩院臺灣地區的代表。但千呼萬喚的結果，五十八年雖舉行了增選，選出了立委二十四名、監委兩名，但這兩名監委還不是臺灣省議會選出的，而是因爲臺北市升格爲院轄市才有兩名監委。這樣的增加名額實在少得可憐，我大不以爲然，所以在監察院和在報紙上竭力主張再辦增選。依我當時的建議，立委須增選至一百五十人，監委增選到三十人。因爲我看當時的立法委員雖然人數很多，但經常活動者僅一百五十人，要是有一百五十位新委員加入，就能帶動全院。監察院當時較積極的委員大概也是三十位，所以再增加三十位新委員也就可以振作有爲。這種建議當時大碰釘子。但《紐約時報》和《華盛頓郵報》卻都讚揚和鼓吹，而《華盛頓郵報》卻說不會有結果。到了六十一年增選時，國大代表增加五十三人，立委增加五十一人，監委增加十五人，情況已相當改善。但我以爲還要繼續增選，因而繼續呼號。終於在民國六十九年的選舉中立委增至九十七人，監委增至三十二人。因爲資深委員漸漸老成凋謝，所以必須繼續增選以補充新血輪。聽說在討論立委增加九十七人時，蔣總統也主張再增加一點。我看依事實的需要和上次討論的經過，增選立委可能會增至我預期的一百五十名，這樣就更能表達民意了。

二、對第十二全大會的評估

剛才胡教授提到我這次擔任中央評議委員的問題，我稍加說明。我已做了五十八年的黨員，參加過第五次、第六次全國代表大會和臨時全國代表大會，來臺灣後，卻幾乎要脫黨。這次蔣主席提名我做中央評議委員，有人說這是黨的彈性和包容精神，我但願如此。

十二全大會有一議題：如何貫徹三民主義統一中國，我認爲它具有重大的意義：因爲一是指出中國未來的立國最高指導原則是三民主義，不是共產主義；二是指出統一中國必須以和平方法，不得使用武力。這是一個新的號召。

美聯社記者在四月中曾問我：三民主義包含甚麼重大原則？我說：

一、反對階級鬥爭和無產階級專政，實施全民政治。

二、反對一黨專政，使人民有言論、出版、集會、結社和選舉的充分自由和權利。

三、反對集產主義和人民公社，承認私有財產和民營產業。

四、反對暴力統治，實施民主法治和保障人權。

五、反對「沙文主義」，承認情形特殊的民族或地區有極大的自主自治權，英國與加拿大等國的國協（Commonwealth）模式可供採擇。

六、必須使用和平方式求統一，而不得使用武力或武力威脅。

我認爲，這樣的中國統一，自是任重道遠，要經過三個階段：第一是現在這樣不戰不和，乃是冷戰狀態；第二階段是和平競賽與和平共存；第三階段是和平統一。而前提是不得使用武力，尤其是目前不得把冷戰變成熱戰。否則不僅中國統一談不上，中華民族必將大受其害。

用三民主義統一中國，照楊教授的意思，改爲以中華民國憲法統一中國，未始沒有道理，可能爲很多中國人所認同，但它比較三民主義恐更不易爲中共所接受。因爲中共在民國十三年以中共黨員個人身分加入國民黨時，曾經宣誓服從三民主義，民國二十六年中共共赴國難時更公開宣佈：「三民主義爲中國今日所必需」，尤其現行憲法第一條規定：「中華民國基於三民主義，爲民有民治民享之民主共和國」，也是中共代表在政治協商會議審查憲法草案時所共同支持的。即使在今天它還不敢公開與三民主義爲敵。而且三民主義經過八十多年的宣揚和五十多年的實踐已爲多數中國人所了解和信仰，以它作爲政治號召，較憲法更順理成章。至於何謂三民主義，因它很富於彈性和包容精神，仁者見之以爲仁，智者見之以爲智，那就可由大家針對時代需要隨時把它發揚光大。例如中國國民黨的第一次全國代表大會曾把三民主義重新加以闡揚。第十二次全國代表大會閉幕後，中央黨部立即成立了六個小組委員會，三民主義統一中國案也是其中之一，我想它會把這個問題研究得更具體，更易爲大家所接受。憲法反而沒有這樣的彈性和包容精神。我剛才所引，對美聯社記者說的三民主義在現階段的六項原則，可供參考。

三、展望今年和明年的地方選舉

我很贊成康委員和其他幾位先生的意見，國民黨對下屆選舉提名會自我設限，我預料國民黨會保持這個優良傳統，不會一網打盡。但這祇是對省縣市議員部分，至於縣市長提名，我預料它會包括全體，這也是理所必至，不足爲奇，也不可過分責難。其實以現任幾位黨外縣市長來論，他們對執行政策，服從法令，服務社會，維持治安，他們的精神和績效，都不下於國民黨籍的縣市長，所以我認為黨部不必以為非用國民黨黨員來當縣市長不可。

現在我想提出兩個緊急呼籲：一是競選言論應該放寬，二是選舉經費必須收緊。選舉罷免法第五十四條規定：

候選人或他的助選員不得煽惑他人犯內亂罪，違者依第八十六條處七年以上有期徒刑。我以為過分苛刻，有違人權也足以妨害選舉。

所謂內亂罪，依刑法第一百條，是指意圖破壞國體或竊據國土或以非法之方法變更國憲，顛覆政府，而着手實行者，但該項內亂大罪也僅處七年以上有期徒刑，預備或陰謀犯內亂罪者，則僅處六月以上五年以下有期徒刑。言論文字的煽惑都不在該條處罰之列。乃選舉罷免法竟將言論文字的罪行也科以七年以上有期徒刑，遠重於預備或陰謀犯內亂罪者的本刑（六月以上五年以下）豈非過分苛刻，豈非不合情理！

觀於最近法院對檢察官依煽惑內亂罪起訴的一個被告自動予以減刑二分之一，判處三年六個月，而我以為猶嫌太重，但依法不能再減，可知第八十六條該項重刑實在太不合理了。

但我不主張把該條根本刪除，因為可能有人會眞的煽惑內亂。我主張修改該第八十六條，依照刑法預備或陰謀內亂的罪刑，改處六月以上五年以下有期徒刑。「五年以下」，這個刑罰，已經夠重了。

關於競選經費的限制問題，我建議：

一、候選人競選費用，除應繳付的保證金外，不得超過選舉委員會公告的費用限額。

前項費用限額，由選舉委員會按照實際需要於公告選舉投票日期時一併公告之。

二、前條競選費用，候選人應造具概算書，於申請登記爲候選人時，繳送選舉委員會備查，不繳送者，視爲登記手續欠備，不予受理。

前項概算書格式，由選舉委員會統一製發。

三、候選人競選費用的收支，應設置帳簿詳細登記，縣市選舉委員會得派員查核。如發現有違背規定而情節重大者，應依本法取消他的當選資格。

此外，我以爲選舉罷免法應增加賄選罪如左：

一、有投票權的人，要求期約或收受賄賂或其他不正利益而許以不行使投票權或爲一定的行使者，處三年以上有期徒刑，得併科五萬元以下罰金。犯前項的罪者所收受的賄賂沒收之，如全部或一部不能沒收時，追徵它的價額。

二、對於有投票權之人，行求期約或交付賄賂或其他不正利益，而約他不行使投票權或爲一定的行使者，處五年以上有期徒刑，得併科七萬元以下罰金。

四、臺灣民主政治的前途

臺灣民主政治的前途，多半將取決於中國國民黨。因爲國民黨勢將繼續執政，而且是「一黨獨大」。有人不喜歡這個名詞，其實「一黨獨大」雖有若干流弊，但臺灣在它領導之下，政治安定，社會進步，上下同欲，朝野團結；反之，如果不是一黨獨大，奮發有爲，我很懷疑我們能有現在這樣的安定、繁榮、自由和快樂，而且我怕中共或已取而代之了。

但是一黨獨大太久了，權力難免被濫用，利益難免被久佔，潮流衝激常受排拒，新生力量不易出頭，保守成習，機能老化，進步維艱。所以必須講求救濟辦法。在方才各位所說的那些高見外，我再補充一些淺見：

第一、選舉必須辦得更好——更公道、更公正、更公平，以期產生最好的民意代表，充實各級民意機關，從而對行政機關發生更大的「制衡」。臺灣今天不患行政機關太強，而患民意機關太弱。所以必須加強民意機關，使它幫助行政機關澄清吏治，提高效率。

但所謂「制衡」，並非民意機關對行政機關的單行道，行政機關對民意機關也有制衡之權，使民意機關不致過分強大，以損害行政機關的地位和功能。

這是制衡的界限和精神，大家必須信守，以互相尊重和自我節制。

第二、在社會方面必須培養「爭衡」（而非「制」衡）的機能和力量。這是救治一黨獨大的重要藥石。它包括輿論和清議。這兩者目前雖有進步，但所受束縛顯然太多，以致該說的話不敢說。臺灣現在處於非常時期，自有許多禁忌，但文化保防工作不免過分敏感和恐懼，以致輿論和清議不能充分發揮牽制一黨獨大和促進政治進步的力量。

一個「卑之無甚高論」的建議：取締出版品必須絕對遵守出版法，不必減一分，但也不可增一分。例如違法言論必須依照出版法加以取締，但該項言論如果祇是一句一段或一章，則所可取締的自是該句該段或該章，不許罪及他句他段或他章，而在該句該段或該章經出版人修正後，應准該出版品恢復發行，庶幾言論自由和國家安全得以兼顧。

第三、我必須指出，我們必須早日準備實施政黨政治，方可收一黨獨大之利而救其弊。因為個別的人民，猶如一盤散沙，沒有凝固堅實的力量，對政府和執政黨即使諫之言之，也未必一定有效。但人民如果組成政黨，有如散沙與水和水泥拌和起來成為混凝土，更能產生新而大的力量。那時兩黨相對，一方在朝，一方在野，地醜德齊，勢均力敵，平時服務社會，關顧人民，選舉時推出最好的候選人，提出最好的政見或政績，以爭取選民的支持。在這種和平競賽和優勝劣敗的政黨政治制度下，在朝黨即使長期執政，一黨獨大，但必不敢怠慢或亂來，因而不致腐化、僵化和惡化，而國家就可長治久安了。

由此觀之，中國國民黨的一黨獨大，尚不足為患，反之，對國家且有許多好處。但國家必須早日實施政黨政治，俾有他黨能對它爭衡，加以監視，祇許它行善，不許它作惡，則民主的前途方能有確實的進步和保證。

七十年六月三十日

經濟犯罪，法治低頭，政治蒙羞！

我國年來厲行法治，對於政治犯罪和社會犯罪，偵辦不遺餘力。但對經濟犯罪則低頭縮手，敷衍遷就，以致貪污、倒帳、逃稅、漏稅，日益猖獗。

貪污犯罪標的在三千元以上者，就應適用貪污治罪條例判處重刑。但是民國五十二年該法施行以來，貪污案件的刑罰無不一減再減，十餘年來，迄無一人處死。而少年搶刧數千元者則處死已有數人。

又如倒閉捲逃數億元的罪人，大多逍遙海外，政府應有多種辦法，將他們緝獲歸案，但尚坐視不動。

又如銀行呆帳有高達三十億元一戶者，有涉及知名人士者，且已收回無望，但政府不願公布，千呼萬喚，猶在閃避，損害政府威信和法治前途，莫此為甚！

至於逃稅漏稅，情形尤更嚴重。多年來有所謂「三三制」者，一筆應收稅款，納稅人可截留三分之一，經手人中飽三分之一，而政府僅得所餘的三分之一，此說或稍誇張，但工商企業者多有三套帳簿，一為報稅之用，一為報告股東之用，第三種方是真帳，但屬秘本。財政部雖設有查緝機構，十年來也曾追收了七十七億元，但與實際逃漏相去很遠。

古諺有曰：「國家之敗，由官邪也；官之失德，寵賂彰也。」這「彰」字最可玩味！因爲如果罪行尚不彰明，政府尚可遮蓋敷衍，一旦人人皆知該項罪行，而政府猶不嚴辦，則法律無威，政府無信，貪汚自必更甚，國家那有不敗亡呢！可不懼哉！

七十年六月十一日

建設工程的計畫和情弊

文一

日前看到吳大猷先生舊作〈論「計畫」觀點〉，他以西岸鐵路電化爲例，指出該案預算原僅五十億元，但最後追加到二百數十億元，雖說是受世界物價上漲的影響，但既作「計畫」，則該物價因素自也應在估計之內，足見該案未經妥善計畫。（我則認爲或因有些主辦人員過分急功好利，先以較小預算說動上司予以批准，待着手之後，上司乃不得不准其追加）。吳文列舉五點加以批評。

吳文並指出：我們更曾見偶有一個構想，未經熟慮，遽而倡議，久之成爲標語化，不復分析它是否健全，而便付之實施，後果尤不堪設想。

吳先生在文中提及他曾主張行政院應有一單位，沒有行政權責，而有專門人員從全國全面觀點審核重大計畫，以期對偶發構想，本位主義和草率計畫稍加防止和補救。

現在國內財經情況漸感困難，通貨膨脹也須遏阻，所以對於龐大建設更須審愼考慮，合理計畫，免蹈覆轍，以臻至善。

七十年五月十八日

文 二

《聯合報》十二月三十一日報導，東線鐵路拓寬工程本來的預算是二十八億元，現在要求追加二十七億元，幅度幾近一倍，其中顯有情弊，引起省議員的猛烈抨擊。交通處長和鐵路局長承認追加預算那麼多是因爲當初計畫不週及許多疏漏所造成的，表示願自請處分，並追究失職人員。

我們應該感謝質詢該案的五位省議員以及《聯合報》，因爲沒有他們的質詢和報導，我們根本不知道這個內幕，政府當局更不會加以注意。可惜經我查閱十幾種報紙，祇有《聯合報》登這消息。是它們因疏忽而漏掉嗎？還是故意諱疾忌醫呢？如果原因是出於後者，那就不可原諒了。

我常說，民意機關的重大作用不是審查預算或制定法律。因爲民意代表不是財經和法律專家，所以事實上對於政府提出的預算案和法律案，大體上都照案通過，修改不多。中外議會莫不皆然。

議會的重要任務是質詢和調查，以了解政府執行預算是否忠實和有效，以及執行法律是否恰到好處。這樣不斷督促，政治方有進步。

但是行政當局往往討厭議員的質詢，橫加遏阻和打擊，甚至大法官會議也以解釋對議員言論免責權加上桎梏。

如果大家諱疾忌醫，議員則箝口結舌，議會則鴉雀無聲，官吏則因無人監察和官官相護而胡作非為，貪污舞弊，則官箴和政風必將不堪聞問矣！

七十年一月三日

文 三

我對中共毒害我國的三化陰謀已就「醜化」和「惡化」略陳所見，現在略論「腐化」。

腐化最可怕。它的現象，包括貪污、賄選和浪費，而以貪污的破壞作用為害最烈，有如古言：「國家之敗，由官邪也。官之失德，寵賂彰也。」現在賄賂公行，已到很「彰」的程度，但國家卻很少嚴加制裁。試舉一例。

本月十二日高雄一家報紙報導，中國×油公司水運課課長鄭××，利用環島租船機會，自六十五年起向三家船公司索取回扣一千八百餘萬元，案發判刑十五年。這案有三點很可注意：

第一、貪污數目多達一千八百餘萬元，行賄公司多達三家，時間長達四年或五年，而中×公司當局卻一無所知。足徵它內部腐敗，而且極可能是上下勾結，集體貪污，但僅以一人抵罪！

第二、由於賄案標的很大，時間很長，情節很嚴重，鄭犯的惡性很重大，而僅處以十五年徒刑，但那搶奪數千元的青年卻被處死刑。如果後者是爲殺一儆百，則前者豈非是在寬一獎百麼！

第三、臺北六大報紙沒有一家登載該案新聞。是痲木不仁麼？還是受人請託而掩人耳目麼？

我們這樣的處理貪污案，不待敵人來加害，我們早已自動腐化，而且也自動醜化得不成樣子了。

七十年八月十八日

我寄厚望於《臺灣時報》和《遠東時報》

臺灣有兩位了不起的吳先生，有人併稱爲「南吳北吳」，南吳是指吳基福先生，北吳是指吳三連先生，都是我的好朋友。

南吳在高雄辦有《臺灣時報》，一年前又在美國西岸新辦了《遠東時報》。我對它們寄以特別深厚的希望。

左列兩文，一是我對《臺灣時報》十週年紀念的祝賀短文，二是我在《遠東時報》創刊前夕一次座談會的發言大意。

一、更大的祝賀和期待

《臺灣時報》十週年祝詞

遠在九年前，正當《臺灣時報》誕生一週年紀念，我曾寫一文，對它「祝賀和期待」。我預祝也預料它會日進無疆，不難與它的老大哥互爭雄長。

我這期待是以下列這些因素爲論據：

一、臺灣經濟發達，社會繁榮，所以報社能有較多的廣告收入，而且本來不訂閱報紙的，也能訂一份，本來祇訂一份，能夠多訂一、二份。

二、這也是新聞自由幅度較寬的結果和反映。如果各報紙祇許登同樣的消息，寫同調的評論，新報就沒有產生和存在的可能了。

三、「臺時」是民營事業，這也是它能快速成長的重要因素。因爲民營報紙在新聞和言論方面有較多的自由，可以採登稍微特殊的新聞，寫出較能反映民意的言論，這樣就構成一種特色，而爲讀者所喜愛。

四、「臺時」員工的學識、能力、精神和努力，特別是吳董事長的堅強而賢明的領導，當然也產生了效果。「事在人爲」，這也許是「臺時」成長快速的最大的資產和動力。

十年很快的過去了，果然不出所料，臺時也快速的成長和發展。展望將來，它一定會有更遠大的前途，爲讀者作更好的服務，對國家盡更大的責任。

爲求政治的快速進步，以壯大反共救國的力量和奠定長治久安的基礎，我最近寫了一些鼓吹政黨政治的文章。日前又寫一篇〈不患一黨獨大，但須有人爭衡〉。我在該文中指出，臺灣民主政治的前途，多半將取決於中國國民黨。因爲國民黨勢將繼續執政，而且是「一黨獨大」。有人不喜歡這個名詞，其實一黨獨大並非甚麼不祥之物。臺灣在它領導之下，政治安定，社會進步，上下同欲，朝野團結；反之，如果不是一黨獨大，奮發有爲，我很懷疑我們能有現在這樣安定、繁榮、自由和快樂，而且我怕中共或已取而代之了。

但是我也指出，一黨獨大太久了，機能難免老化，進步難免遲滯。爲了保持一黨獨大之利而救其弊，我試開了一個「藥方」，其中一味「藥石」，乃是社會方面必須培養「爭衡」（而非「制」衡）的機能和力量，包括輿論和清議。這兩者目前雖有進步，但所受束縛顯然太多，以致該說的話不敢說。臺灣現在處於非常時期，自有許多禁忌，但文化保防工作也不免過分敏感和恐懼，以致輿論和清議不能充分發揮牽制一黨獨大和促進政治進步的力量。

臨深履薄，爲國爲民，政府和輿論界必須要有更好的溝通和諒解。落實到《臺灣時報》，我希望它能本着它的光輝傳統善盡輿論責任，更望政府能加以愛護和輔導，使兩者能共存共榮，福國利民。

七十年七月四日

二、辦報要憑良心臺灣非無自由

——列席《遠東時報》撰述會議致詞

第一次發言

今天我非常高興，這回我從臺灣來此地探親，吳先生知道我在，特別給我這個寶貴機會，讓我跟各位年輕朋友學者相聚一堂，彼此可以認識，這是很難得的，所以我從史丹福大學趕來參加這個盛會。我首先要向吳先生道賀，因爲吳先生能夠排除各種困難，來此地辦報，將來提供一份好的報紙，不管是對國家、對個人來說，都是可賀可喜的事。我是從臺北剛來的，對《臺灣時報》的了解可能比在座大多朋友要深。《臺灣時報》是本人多年必讀的報紙，我想用兩個字來說明我對《臺灣時報》的認識與敬佩。《臺灣時報》是報界的「良心」。「良心」是甚麼呢？「良心」是「是非之心」，「是」就是「是」，「非」就是「非」。假使以「非」爲「是」，以「是」爲「非」，那就不成其爲「良心」了。《臺灣時報》這些年來的表現，充分表示它「是」是，「非」非。它有這樣的了解，也有這樣的勇氣，對「是」的加以發揚，「不是」的予以批評。臺灣的報紙很多，但以版面處理的平衡、公正——也就是「是」者「是」之，「非」者「非」之來說，《臺灣時報》可以說是我很欽佩的報紙。

《臺灣時報》現在發展到美國，我相信在吳先生和許社長領導之下，將來的《遠東時報》也能發生良心作用，發揚是非之心。我認爲以《臺灣時報》的成就，可以保證它的姐妹報紙《遠東時報》在美國會有很好的前途。這些年來，年輕的中國人在海外表現十分優秀，有這些年輕朋友能參加《遠東時報》的陣容，更是《遠東時報》將來成功的保證。

第二次發言

我今天實在不該在此發言的，應該理解這是一個 working party 讓各位撰述委員發言才對。

不過，我有一些經驗倒可以供各位參考。第一，我們不要過分低估政府，政府的言論方針也還相當寬大。我們在一般報紙上難得看到某些較敏感問題的報導或評論，有一部分是報紙應負責任的。報紙的記者太 overcautious。當然這也難怪。政府並沒決心要對付報紙，卻找記者來對付，使記者緊張。臺灣和美國有個很大的不同，就是一般新聞記者年紀太輕，剛出大學之門，條件雖好，歷練卻不夠，很容易被政府「欺侮」，如果政府想「欺侮」我，那它要好好考慮。當然這是一種經驗和聲望的累積，求之年輕記者自然不易。

有時候，報紙有些應說的話不說，有些應登的新聞不登，大家以為是受着政府的禁限。其實不一定如此，而是報紙當局和記者自己「相驚以伯有」。

我在此要呼籲記者可以膽子稍稍放大，講求一點技巧。經驗豐富之後，自能運用裕如。老實說，在目前政府的政策之下，大家仍有發揮的餘地。

第二點：我們不要低估海外的地位，海外的地位跟國內硬是不一樣。就像張旭成先生提到的「新加坡模式」來說，國內便不敢談。我對模式，很感興趣。但我對 Commonwealth 模式，也就是 British Commonwealth（不列顛國協）的模式比較重視，以加拿大和英國來說，加拿大雖屬國協之一，並以英皇為「國家元首」，但它有自己的主權，有自己的國號國旗國歌，可以說是完全獨立的。

這樣的模式實在值得借鏡，但我們不敢談。像我這樣的道行都不敢談，而張先生卻可以談新加坡模式，足見海外的地位對言論自由是有利的，海外發言的尺度也寬大得多，在海外辦報，言論方面的確有發揮餘地。

第三點是技巧的問題。美國的報章和雜誌，如《美國新聞與世界報導》，在公衆論壇欄內，便常把正反兩方面的意見同時刊出，表示沒有成見。我最近讀了李浩先生《臺灣的未來》一書，對李先生等所用的技巧極爲佩服。他們約了十八人談臺灣的未來，其中有同情國民黨的人，有傾向共產黨的人，有激烈的臺獨分子，也有獨立的學者，各人不同的論點在書中同時出現，讓讀者自行判斷。這種編輯方法，頗可效法。

現在臺灣的言論尺度並不如我們想像中那麼狹窄。但自由還是靠大家去爭取的，有人據理力爭，政府自會讓步和改進。在海外辦報，言論尺度可以放寬，對臺灣而言，不但是一種刺激，也是一種教育，使臺灣的尺度也慢慢放寬。當然技巧是很重要的，我剛剛提到「平衡」。假使「遠東時報」能做到「平衡」兩個字，自身的安全應該是沒有問題的。